# 电子商务物流系统管理及发展创新研究

郭美娜　李爱红◎著

中国商业出版社

**图书在版编目（CIP）数据**

电子商务物流系统管理及发展创新研究 / 郭美娜，李爱红著. -- 北京 : 中国商业出版社，2024. 10.
ISBN 978-7-5208-3208-3

Ⅰ. F724.6

中国国家版本馆 CIP 数据核字第 2024U733K4 号

责任编辑：聂立芳
策划编辑：张　盈

中国商业出版社出版发行
（www.zgsycb.com　100053　北京广安门内报国寺1号）
总编室：010-63180647　　编辑室：010-63033100
发行部：010-83120835/8286
新华书店经销
三河市悦鑫印务有限公司印刷
*
710毫米×1000毫米　16开　11.5印张　206千字
2025年10月第1版　2025年10月第1次印刷
定价：78.00元
* * * *
（如有印装质量问题可更换）

# 前言 PREFACE

在当今全球化和信息化快速发展的时代，电子商务作为一种新型的商业活动模式，已经深刻改变了人们的生产生活方式以及经济运作的格局。随着互联网技术的不断进步和普及，电子商务呈现出前所未有的发展速度和规模，成为推动经济增长的重要力量。然而，电子商务的高效运作离不开成熟、高效的物流系统作支撑。电子商务物流作为连接商家与消费者的纽带，其管理水平和服务质量直接影响电子商务的整体表现和未来发展。因此，对电子商务物流系统管理及其创新发展进行深入研究，具有重要的理论意义和实践意义。

本书以电子商务物流系统为研究对象，从电子商务与物流的紧密关系出发，全面剖析了电子商务环境下物流管理的理论体系和实际操作流程，并探讨了电子商务物流面临的挑战、发展趋势以及创新模式。

全书共分为七章，每章均围绕电子商务物流的不同方面展开深入讨论。第一章，电子商务物流管理导论，主要介绍了对电子商务物流的认识，电子商务与物流的关系、电子商务物流管理概述。第二章，我国电子商务物流发展研究，从现阶段我国电子商务物流的发展态势、我国电子商务物流面临的挑战与应对策略和我国电子商务物流发展动向三个方面进行讲述。第三章，电子商务及其物流运作模式研究，详细阐述了电子商务的主要模式、电子商务物流运作模式研究、电子商务物流模式比较分析及选择。第四章，电子商务物流系统的管理研究，聚焦于采购管理、仓储管理、运输管理和配送管理。第五章，电子商务物流系统的新发展——绿色物流，分别介绍了再生资源回收物流、逆向物流和低碳物流。第六章，电子商务物流系统的新发展——冷链物流，从电子商务冷链物流、电子商务冷链物流的市场分析、电子商务冷链物流行业标准和硬件设备、电子商务冷链物流的发展战略进行阐述。第七章，电子商务物流系统的新发展——跨境电商物流，聚焦于跨境电子商务物流的认识、跨境电子商务物流的基本模式、跨境电子商务物流的发展三个方面。

本专著为辽宁省教育科学“十四五”规划课题“智慧云”背景下商贸类专业实践教学研究（项目编号：JG22EB056）阶段性研究成果。本书具有系统性、前瞻性和实用性，不仅全面覆盖了电子商务物流的各个环节，还深入探讨了行业前沿趋势，如绿色物流、冷链物流和跨境电商物流等，为读者呈现了一个多元化的知识体系。同时，书中穿插的案例分析和实践策略，为读者提供了可操作的解决方案，增强了书籍的实用价值。

本专著由大连职业技术学院（大连开放大学）的郭美娜、李爱红合作完成，具体分工如下：郭美娜编写第一、三、四、五、六章，李爱红编写第二章及第七章。

在编写本书的过程中，我们参考了大量的文献资料，并结合了作者团队多年来在电子商务物流领域的教学经验和科研成果。在此，感谢所有为本书提供帮助和支持的专家和学者，他们宝贵的意见和建议极大地丰富了本书的内容。

尽管我们在写作过程中力求准确无误，但由于电子商务物流是一个不断发展变化的领域，加之时间和能力的限制，书中难免存在不足之处，敬请广大读者不吝赐教。希望本书能为从事电子商务及其物流工作的相关人员提供有益的参考，并为该领域的研究者提供一定的启示和借鉴。

作　者

**2024 年 5 月**

# 目录 CONTENTS


第一章　电子商务物流管理导论……………………………………………………1

第一节　电子商务物流的认识……………………………………………………1

第二节　电子商务与物流的关系…………………………………………………4

第三节　电子商务物流管理概述…………………………………………………13

第二章　我国电子商务物流发展研究……………………………………………27

第一节　现阶段我国电子商务物流的发展态势…………………………………27

第二节　我国电子商务物流面临的挑战与应对策略……………………………34

第三节　我国电子商务物流发展动向……………………………………………42

第三章　电子商务及其物流运作模式研究………………………………………53

第一节　电子商务的主要模式……………………………………………………53

第二节　电子商务物流运作模式研究……………………………………………64

第三节　电子商务物流模式比较分析及选择……………………………………79

第四章　电子商务物流系统的管理研究…………………………………………82

第一节　采购管理…………………………………………………………………82

第二节　仓储管理…………………………………………………………………85

第三节　运输管理……93
第四节　配送管理……100

**第五章　电子商务物流系统的新发展——绿色物流……114**
第一节　再生资源回收物流……114
第二节　逆向物流……119
第三节　低碳物流……127

**第六章　电子商务物流系统的新发展——冷链物流……130**
第一节　电子商务冷链物流……130
第二节　电子商务冷链物流的市场分析……136
第三节　电子商务冷链物流行业标准和硬件设备……141
第四节　电子商务冷链物流的发展战略……151

**第七章　电子商务物流系统的新发展——跨境电商物流……157**
第一节　跨境电子商务物流的认识……157
第二节　跨境电子商务物流的基本模式……162
第三节　跨境电子商务物流的发展……173

**参考文献……178**

第一章

# 电子商务物流管理导论

## 第一节　电子商务物流的认识

电子商务的迅猛增长极大地推动了物流行业的繁荣，对物流服务的需求也呈现出显著的增长趋势。同时，随着电子商务的兴起，物流行业也展现出了一系列新的特点。在互联网时代的浪潮下，电子商务物流紧密跟随市场需求的脉搏，不断加速发展，成了市场经济活动中不可或缺的关键环节。它不仅连接了生产者与消费者，还推动了供应链的优化，提高了交易效率，成了支撑现代经济体系稳定运行的基石。

### 一、电子商务物流的概念

电子商务物流可以被视为一种综合性的物流组织方式，它融合了采购、运输、分拣、配送代理以及销售等多个关键步骤。尽管目前对电子商务物流的确切定义尚未达成共识，但我们可以从两个层面进行阐述。

从行业的宏观视角来看，电子商务物流是电子商务与物流两大行业交织融合的产物。它紧密贴合电子商务这一新兴行业的发展需求，为电子商务客户量身打造全方位的服务。这种服务模式涵盖国内快递、国际快递、同城货运、海外购物转运、众包物流、电商平台自建的物流体系以及仓储管理等众多领域。

从微观操作的角度来看，电子商务物流是信息技术与物流操作深度结合的体现。它运用现代信息技术来整合和优化物流的各个环节，从而实现物流过程的高度信息化。这种物流模式主要服务于国内电商平台，直接面向消费者，其服务提供商主要包括快递公司以及电商平台自建的物流体系。

物流，作为一种经济活动，其核心在于实现“物”的流通。在电子商务的背景下，物流扮演了将货物从供应者传递到需求者的桥梁角色。在这一过程中，物流涵盖了多个环节，如运输、仓储、装卸、搬运、包装、流通加工以及配送等，它们共同构成了一条完整的供应链，确保商品能够顺利地从生产地流向消费者手中，从而实现了社会商品的流通和交易。

同时，电子商务物流也涉及了与“物”相关的信息活动。在物流的各个环节中，都会产生大量的信息，如订单信息、库存信息、运输状态等。这些信息对于物流的顺畅运行至关重要，因为它们不仅指导着物流的各个环节如何高效协作，还帮助物流系统实现资源的优化配置和成本的降低。通过收集、处理和分析这些信息，物流系统能够更好地满足消费者的需求，提供更高效、更优质的服务。

电子商务物流在经济活动中发挥着创造时间价值和场所价值的重要作用。它跨越了时间和空间的界限，将供应方和需求方紧密相连。在整个供应链中，从原材料供应、生产制造、搬运存储到最终销售，电子商务物流在每个环节都发挥着价值创造的作用，无论是有形还是无形的资本，都在这一过程中实现了增值。这种价值的创造正是通过物资的物理性移动来实现的，例如，将产品准确送达到消费者指定的地点，或者在流通过程中进行适当的包装，都极大地提升了产品的附加值，使其更加符合市场需求。

电子商务物流是一个高度集成的活动，它借助现代信息技术将多个环节有机整合在一起。物流过程不仅是实现组织目标的关键环节，更是需要进行精心计划、严格控制和有效组织的系统工程。在这个过程中，既要确保满足顾客的需求，又要实现物流企业自身的盈利目标。为了实现这一目标，物流过程涉及多个实物处理环节，如运输、仓储、装卸搬运、流通加工、包装和配送等，这些环节相互关联、相互影响，构成了一个密不可分的整体。

为了协调这些环节，物流过程中需要大量的信息活动来支持。信息技术的应用使得物流过程更加科学化、数字化，降低了成本，提高了效率。物流不仅是产品流的载体，更是商流和信息流的交汇点。通过信息的流动，物流过程得以更加顺畅的进行，各个环节之间的协作也更加紧密。

电子商务物流的目标是以最优的成本和最高的效率为顾客提供满意的服务。在追求顾客满意的同时，物流企业也在努力挖掘和创造“第三利润源”，即通过优化物流过程、降低物流成本、提高物流效率等方式来创造额外的利润。这些利润需要在各相关利益主体之间进行合理的分配，以实现双赢或多赢。

## 二、电子商务物流的特点

电子商务的兴起为物流行业注入了新的活力，使物流呈现出一些显著的特点，主要体现在以下几个方面。

### （一）数字化转型

在电子商务时代，物流领域的数字化转型成为电子商务发展的关键需求。物流数字化体现在多个方面：物流信息的商品化，即物流信息本身成为一种有价值的资源；物流信息收集的系统化，通过数据库和编码技术实现信息的有序管理；物流信息处理的自动化，利用电子和计算机技术提高处理效率；物流信息传递的规范化和即时性，确保信息的准确和快速流通；物流信息存储的数字化，通过数字形式保存信息，便于管理和检索。数字化构成了物流发展的基石，缺少了物流的数字化，即便是最先进的技术设备也无法在物流行业中发挥作用。信息技术和计算机技术的应用将从根本上改变全球物流行业的格局。

### （二）自动化技术

自动化技术的实现依赖于信息化作为基础，其核心在于机电一体化技术。自动化技术的显著特征是操作的无人化，其带来的直接好处是劳动的省力化。自动化技术能够有效提高物流操作的能力和效率，降低作业过程中的错误。在电子商务物流领域，自动化技术的应用非常广泛，包括条码、语音、射频自动识别系统，自动化分拣系统，自动化存取系统，自动导向车（AGV），以及货物自动跟踪系统等。这些自动化设施极大地提高了物流系统的效率和准确性。

### （三）互联互通

物流的互联互通是物流数字化的自然延伸，也是电子商务环境下物流活动的一个关键特征。“网络化”这一概念包含两个层面的内容：首先，指的是物流配送系统的计算机网络通信架构，这意味着物流配送中心与供应商或制造商之间的联系需要依托于计算机网络，与下游顾客之间的沟通协调也依赖于网络；其次，涉及组织结构的网络化，也就是企业内部建立的局域网络系统。

### （四）智能化

智能化是物流自动化、信息化的一种高层次应用。物流作业过程中大量的运筹和决策，如库存量的确定、货物运输（搬运）路径的选择、自动导向车的运行轨迹和作业控制、自动分拣机的运行、物流配送中心经营管理的决策支持等问题都需要智能化解决方案。为提高物流现代化的水平，物流的智能化已成为当前电子商务物流发展的方向。

### （五）适应性

随着电子商务的兴起，市场需求逐渐从大规模、统一化的产品转向小规模、定制化和迅速响应。企业必须根据客户的个性化需求来定制产品，生产方式也由过去的大规模、自动化生产转变为更加灵活、以时间和成本效率为核心的生产模式，整个生产流程展现出更高的适应性和灵活性。适应性物流便是为了满足这种生产、分销和消费需求而发展起来的一种现代物流模式。它要求物流配送中心能够根据消费者需求的多样性、小批量、高频次和快速周期的特点，灵活地安排和执行物流任务。

此外，物流设施和商品包装的标准化，以及物流服务的社会化和共享化，都是电子商务环境下物流行业展现出的新特点。

## 第二节　电子商务与物流的关系

电子商务正在快速发展，给经济社会的各个方面都带来了深刻的变化。在电子商务的运营过程中，有四个核心，分别是信息流、商流、资金流和物流。信息流、商流和资金流可以通过计算机技术和网络设备得以高效处理，然而，物流环节在多数情况下仍需要依赖实体的运输来完成，这一环节在实现电子商务的全过程中起着举足轻重的作用。可以说，电子商务与物流是紧密相连的，它们之间相互依存、互相影响。

## 一、电子商务与物流的紧密联系

电子商务与物流业之间存在着一种相互依存、相互促进的复杂关系。它们之间的这种关系若能得到妥善处理和有效推进，将有望实现双方的共同发展；反之，则可能相互制约。

### （一）物流对电子商务发展的支撑作用

#### 1. 物流配送系统是电子商务的重要支柱

现代物流配送能为电子商务的顾客提供全面的服务。结合电子商务的特性，这一体系能够实行统一的信息管控与调度，在物流基地根据用户需求进行货物理货，并将已配好的商品准确送达收货人。这种先进的物流方式对于物流企业来说，不仅有助于提高其服务质量，还能有效降低物流成本，进而提高企业的经济效益和社会效益，具有深远的意义。

#### 2. 物流技术的进步为电子商务的迅速普及奠定了坚实基础

电子商务交易的核心三要素是物流、信息流和资金流。其中，物流是整个交易过程的基础，信息流扮演着桥梁的角色，而资金流则是交易的最终目的。每一笔商业往来，都伴随着相应的物流和信息流动，这些信息对于商品的配送、追踪、分类、收货、仓储、取货以及打包等环节至关重要。在高度信息化的电子商务时代背景下，物流与信息流的协调配合变得愈加关键，因此，电子商务的推进离不开现代物流技术的支持。

物流技术涵盖了与物流活动相关的所有技术和方法，包括各种操作流程和管理技巧，例如流通加工、商品包装、商品标识以及实时跟踪等技术。

随着计算机网络技术的广泛运用，现代物流技术融入了诸多现代信息技术元素，如地理信息系统（Geographic Information System，GIS）、全球卫星定位（Global Positioning System，GPS）、电子数据交换（Electronic Data Interchange，EDI）、条形码（Bar Code Technology，BCT）技术等。物流行业对这些先进信息技术的迅速采纳和应用，无疑为电子商务的广泛推广奠定了坚实的基础。

#### 3. 物流配送系统有效提升了社会经济运作的效能

物流配送企业通过采用网络化的计算机技术和现代化的软硬件设备，以及先进的管理手段，能够严格按照客户的订单需求进行商品的分类、整理、分工、配货等一系列精细化操作，确保在预定的时间和地点，以准确的数量将商品交付给各类用户，充分满足他们的需求。物流配送作为流通领域的一种创新形式，展现了现代市场营销的新趋势。与传统的物流方式相比，新型物流配送更加便捷地融入了信息化、自动化、现代化等元素，实现了社会化和智能化，同时也简化了操作流程。这不仅使得商品流动更加顺畅，资源得到充分利用，还降低了生产企业的库存，加快了资金周转，提高了物流效率，减少了物流成本。更重要的是，它刺激了市场需求，为社会经济的稳健发展注入了新的活力。

## （二）电子商务为物流业的发展提供了技术条件和市场环境

电子商务为物流行业的发展提供了技术条件和市场环境。物流系统的核心在于信息的快速流动，但目前物流信息系统的准确性不足，这成为物流行业发展的主要障碍。尽管许多公司将重点放在交易系统上，这些系统对公司的日常运作至关重要，但它们并不能有效应对快速反应和战略决策的需求，而这些能力恰恰是物流企业高效管理和运作的关键。

随着电子商务的兴起，物流行业获得了更广阔的增值潜力，网络技术为物流企业构建高效且成本节约的物流信息网络提供了强有力的工具。尽管物流行业在适应电子商务的快速发展过程中遇到了一些挑战，但这些挑战正是现代物流服务行业潜在商机的来源。

### 1. 电子商务虚拟技术提高物流企业管理水平

在全球化和虚拟化的发展趋势下，物流企业需要加强自身的网络组织建设。电子商务的发展要求物流企业在保证合理成本的前提下，迅速完成广泛区域的配送任务。因此，物流企业应通过互联网整合现有物流资源，加强与其他物流服务商的合作，加快海陆空一体化物流平台的构建，并拓展在线物流交易市场，从而提高物流资源的综合利用率和服务质量。

### 2. 电子商务助力物流企业规模化经营

电子商务为物流企业的网络化与规模化经营提供了理想的平台。它使物流企业能够轻松构建自己的营销、信息和配送网络。尽管物流企业不必亲自完成所有网络化经营的运作，但作为集成商，它们可以通过整合现有资源来完善自己的网络，实现物流功能的全面集成。物流被视为一体化供应链的重要组成部分，企业越来越认识到物流在获取竞争优势中的关键作用。

### 3. 电子商务推动物流功能的深度集成

随着电子商务的蓬勃发展，物流行业的竞争越发激烈。然而，这种竞争的核心不在于硬件设备的比拼，而是软件服务及高新技术的支持。电子商务不仅展现了多种技术的应用，更促进了技术与业务模式的相互融合，使物流功能得到深度集成。电子商务公司期待物流伙伴不仅提供配送服务，还能成为其客户服务的延伸，提供如订单跟踪、销售数据分析、货款结算、市场调研等增值服务，从而增加电子商务服务的整体价值。

## 二、电子商务对物流行业的深远影响

### （一）电子商务重塑物流行业理念

电子商务的兴起彻底改变了物流行业的传统运作观念。传统物流和配送依赖于实体的、大面积的仓库设施，而电子商务则通过其网络化的系统，将分散在不同地点、归属于不同所有者的仓库连接成一个“虚拟仓库”。这种“虚拟仓库”实现了对资源的统一管理和高效调配，极大地扩展了服务范围和货物集散的空间。

电子商务为物流行业带来了前所未有的变革。在资源的组织速度、规模、效率以及资源配置的合理性方面，电子商务模式下的物流都远远超过了传统物流。这要求物流从业者必须摒弃旧的物流观念，拥抱全新的物流理念，以适应电子商务带来的新挑战和机遇。

此外，电子商务为物流行业创造了一个虚拟的运动空间。在这个空间里，企业可以灵活运用各种组合策略，寻求物流过程的最优化，确保商品在实体运输过程中实现最高效率、最低成本、最短距离和最短时间。这不仅提高了物流行业的运营效率，也为消费者带来了更加便捷、高效的购物体验。

### （二）电子商务革新物流的运作模式

电子商务的崛起显著改变了物流的运作方式，使其更加高效、自动化和智能化。传统的物流和配送流程往往涉及多个烦琐的环节，这些环节受人为因素和时间影响较大，导致整体效率不高。然而，随着电子商务的普及和网络技术的应用，物流运作方式得到了根本性的革新。

首先，网络技术的应用使得物流过程实现了实时监控和实时决策。整个物流和配送流程被网络系统紧密连接，当系统接收到任何需求信息时，它都能迅速作出反应，并自动生成详细的配送计划。这种自动化的决策过程大大提高了物流运作的效率和准确性。

其次，电子商务环境下物流和配送的速度要求显著提升。传统物流和配送过程往往因为环节烦琐而耗时较长，但在电子商务时代，消费者对于配送速度有着更高的期待。为了满足这一需求，物流行业需要借助网络技术优化配送流程，减少不必要的环节，提高配送效率。

最后，新型的物流配送中心采用了网络化技术，使得整个配送过程更加高效。这些配送中心能够通过网络系统实时掌握库存情况、订单状态等信息，从而更加精准地安排配送计划。同时，配送中心还配备了先进的自动化设备和系统，如自动化分拣系统、智能仓储管理系统等，进一步提高了物流运作的效率和准确性。

### （三）电子商务重塑物流企业的经营格局

#### 1．电子商务推动物流企业实现社会化组织与管理

在电子商务的推动下，物流企业的组织和管理方式发生了根本性的变化。在传统经济环境下，物流往往是由单个企业根据自身需求进行组织和管理，以服务企业内部为主。然而，在电子商务时代，物流需要从更广泛的社会视角出发，实现系统化的组织和管理，以打破过去分散、孤立的物流状态。这就要求物流企业在组织物流时，不仅要关注自身的物流需求，还要充分考虑整个社会的物流系统，实现资源的优化配置和高效利用。

#### 2．电子商务促进物流企业形成协同竞争的新模式

在传统经济活动中，物流企业之间的竞争主要围绕服务质量、物流成本等方面展开。然而，在电子商务环境下，这种竞争方式的有效性逐渐降低。电子商务需要的是一个覆盖全球的、高效的、合理的物流系统来确保商品的顺畅流通。对于任何一家物流企业来说，仅凭自身的力量很难满足这一要求。因此，物流企业需要改变竞争方式，从过去的单打独斗转向协同合作，形成一种协同竞争的新模式。通过联合其他物流企业，共同构建高效的、合理的物流系统，实现资源共享、优势互补，从而在竞争中获得更大的优势。

### （四）电子商务驱动物流行业的优化与升级

**1．电子商务加速物流基础设施的升级**

电子商务的高效和全球化特点对物流系统提出了高标准的要求。为满足这些要求，物流基础设施，如先进的交通运输网络和通信网络，必须得到显著的改善和升级。这些基础设施的完善不仅提高了物流效率，也为全球范围内的电子商务活动提供了有力支持。

**2．电子商务推动物流技术的创新与发展**

物流技术的进步对于提高物流效率至关重要。电子商务的发展促进了物流技术的不断创新，包括物流硬技术和软技术。物流硬技术涵盖了物流过程中所需的先进材料、高效机械和现代化设施；而物流软技术则聚焦于高效的计划、管理、评价等技术和方法。这些技术的不断升级和应用，使得物流过程更加智能、高效。

**3．电子商务提高物流管理水平**

物流管理水平是影响物流效率和电子商务发展的关键因素。电子商务通过引入先进的管理理念和方法，促进了物流管理水平的提高。建立科学、合理的管理制度，将先进的管理手段和方法应用于物流管理中，能够确保物流的顺畅运行，实现物流的合理化、高效化，从而进一步推动电子商务的发展。同时，这也为物流企业提供了更多的发展机遇和挑战，推动整个物流行业向更高水平迈进。

## 三、物流对电子商务的推动作用

物流作为电子商务中不可或缺的一环，其重要性和地位日益凸显。物流不仅是电子商务运作的关键组成部分，更是电子商务实现其“顾客至上”理念的重要保障，同时也是企业增强竞争力的有效手段。

### （一）物流的优化与提高推动了电子商务服务质量的飞跃

电子商务在处理信息流、商流和资金流方面凭借高效的信息处理技术已经相对成熟。然而，物流作为商品空间转移的重要环节，其效率的高低直接关系电子商务交易的完整性和顾客满意度。因此，物流的优化和效率提高对于电子商务的成功至关重要。

近年来，我国物流行业的转型升级和提质增效，不仅推动了电子商务的快速发展，还极大地提高了电子商务的服务质量。一个高效的物流体系能够有效提高电子商务企业的订单转化率，也为消费者带来了更优质的购物体验。

消费者在选择网络购物时，除了考虑商品本身的性价比外，物流配送的时效性和可靠性也是重要的考量因素。因此，提高物流配送效率成为电子商务企业提升服务质量的重要途径。例如，阿里巴巴通过其菜鸟物流平台，为消费者提供了多样化的配送选择，包括 30 分钟达的即时配送、1 小时达的快速配送、凌晨付款次日收货的预售极速达等，这些服务大大地提高了消费者的购物体验和满意度。

### （二）物流是电子商务顺畅运作的基石

电子商务，尤其是涉及实体商品的交易，离不开物流的强有力支持。物流作为电子商务的基石，贯穿商品生产、采购到销售的每一个环节，是确保电子商务活动顺利进行的关键因素。

首先，物流为电子商务中的商品生产提供了坚实的保障。从原材料的采购开始，物流就发挥着不可替代的作用。原材料需要通过物流活动才能准时送达生产线上，确保生产的顺利进行。在生产的各个阶段，物流还负责原材料、半成品的流转，保证生产过程的连续性和高效性。一个现代化、高效化的物流系统能够降低成本、优化库存结构、减少资金占用、缩短生产周期，为企业的现代化生产提供有力支持。如果没有物流的支持，即便电子商务交易再便捷，也难以实现真正的商品生产和交易。

其次，物流是电子商务中商流活动顺利进行的保障。在电子商务交易中，消费者通过点击购买完成商品所有权的转移，即商流过程。然而，这并不意味着交易就此结束。只有当商品或服务真正送达消费者手中，整个电子商务交易才算是圆满完成。在这个过程中，物流作为商流的后续者和服务者，承担着将商品从卖家运送到买家的任务。物流的顺畅运作，确保了商品在电子商务交易中的高效流通，是电子商务活动成功进行的重要保障。

### （三）物流成为电子商务企业竞争力的关键

物流服务在电子商务企业中扮演着至关重要的角色，其质量高低直接关系企业的成败，是企业核心竞争力的重要组成部分。随着电子商务的迅猛发展，对物流服务的需求也日益增长，电子商务企业纷纷加大投入，提高物流服务能力，以满足消费者不断升级的网购需求。这种物流服务能力的提高，反过来又进一步强化了电子商务企业的市场竞争力。

以京东为例，作为国内电子商务领域的佼佼者，京东早在 2007 年就开始自建物流体系。经过多年的发展，京东物流已经形成了独具特色的“统仓统配”模式，该模式通过预先将商品放置到距离消费者最近的地方，极大地缩短了商品从仓库到消费者手中的时间。京东物流的“211 限时达”服务更是成为行业标杆，为消费者提供了极速、可靠的配送体验。此外，京东物流还不断创新，推出了次日达、京准达、京尊达等多种个性化配送服务，以满足不同消费者的需求。

截至 2022 年，京东物流已运营超过 1500 个仓库，总面积超过 3000 万平方米。这一庞大的物流网络为京东提供了强大的物流支撑。正是得益于京东物流的高效和优质服务，京东在激烈的市场竞争中脱颖而出，实现了营业收入和活跃用户数的持续增长。

电子商务与物流之间的关系密不可分，二者相互促进、共同发展。通过协同发展，可以实现商业资源的规模性整合和开发，推动服务营销和商业模式的创新。这种协同发展不仅有利于电子商务企业和物流企业实现共赢，还有助于提升消费者的购物体验，推动整个社会的进步。

## 四、电子商务环境下物流业的发展趋势

随着电子商务的蓬勃发展，企业销售市场的扩大、销售方式的革新以及消费者购买习惯的转变，使得送货上门等物流服务成为行业内的关键服务形式，进而推动了物流行业的快速发展。物流行业，作为一个综合性服务领域，涵盖运输配送、仓储保管、分装包装、流通加工等多元化服务，为各类企业提供了全面的物流解决方案。在电子商务环境下，信息化、功能多样化、服务卓越化和全球化已成为物流行业的重要发展趋势。

### （一）信息化是现代物流业的必经之路

在电子商务时代，为了提供卓越的服务，物流系统必须具备高效的信息处

理和传输能力。同时，信息共享也是一个挑战。由于生产企业拥有商业机密，物流企业在与它们合作时面临困难。因此，如何建立有效的信息处理系统并及时获取必要信息，对于物流企业来说是一个挑战。此外，未来物流系统能否快速将货物送达客户，是其提供高质量服务的关键因素之一。

随着商品和生产要素在全球范围内以前所未有的速度自由流动，电子数据交换和互联网的应用使得物流效率的提高越来越依赖于信息管理技术。计算机的普及为物流行业提供了更多的需求和库存信息，提高了信息管理的科学化水平，使产品流通更加便捷和快速。

### （二）多功能化是物流业发展的新方向

在电子商务环境下，物流业正朝着集约化阶段发展。物流业不仅要提供仓储和运输服务，还必须提供配货、配送以及各种增值的流通加工服务，或者根据客户的特殊需求提供其他定制服务。电子商务使流通业的经营理念得到了全面的更新，现代物流业从过去的商品制造、批发、仓储、零售等复杂环节，转变为从制造厂商直接通过配送中心送到各零售点。这不仅使产业分工更加精细，产销分工更加专业化，而且大大提高了社会的整体生产力和经济效益，使物流业成为国民经济的重要组成部分。

供应链也是一种增值产品，其目标不仅是降低成本，更重要的是提供超出用户期望的增值服务，以创造和保持竞争优势。从某种意义上说，供应链是物流系统的延伸，它涉及产品和信息从原料到最终消费者的增值服务。这种配送中心不同于公共配送中心，它是通过合同为一家或几家企业提供长期服务，而不是服务于所有客户。供应链系统完全适应了流通业经营理念的全面更新。

这是因为，过去商品需要经过制造、批发、仓储、零售等多个环节才能到达消费者手中。现代流通业已经简化为从制造到配送中心再到各零售点的过程。这使得未来的产业分工更加精细，产销分工更加专业化，显著提高了社会的整体生产力和经济效益，使流通业成为国民经济活动的中心。在这个阶段，应用了许多新技术和方法，如准时制系统（Just In Time，JIT）和销售时点系统（Point Of Sale，POS）。商店及时将销售情况反馈给工厂的配送中心，有助于厂商根据市场需求调整生产，并与配送中心协调配送计划，从而提高企业的效益。

### （三）卓越的服务是物流企业追求的服务目标

在电子商务时代，物流企业扮演着连接买卖双方的第三方角色，服务是其核心宗旨。客户对物流企业提供的服务有着多元化的需求，因此，如何不断满足并超越客户的服务期望，始终是物流企业管理的核心议题。例如，物流配送中心最初可能只提供局部地区的物流服务，但随着客户需求的增长，逐渐扩展到提供跨区域甚至跨国的服务。随着服务的深化，配送中心可能还会提供更多增值服务，包括直接在客户企业设立“驻点”，为客户直接发货；一些生产企业甚至将全部物流业务外包给配送中心，使配送中心的服务延伸至生产企业内部。最终，物流企业提供的高质量和系统化服务使其与客户企业建立了互利共赢的战略伙伴关系：一方面，物流企业的服务帮助客户企业的产品快速进入市场，增强了竞争力；另一方面，物流企业也因此获得了稳定的业务和收益。美国、日本等国家的物流企业之所以成功，关键在于它们非常注重对客户服务的研究和优化。

### （四）全球化是物流企业的竞争新趋势

电子商务的发展推动了全球经济一体化的进程，这将促使物流企业向跨国经营和全球化发展。全球经济一体化为企业带来了许多新的挑战，要求物流企业与生产企业更紧密地协作，形成更加细化的社会分工。对于生产企业而言，需要专注于产品的制造、成本控制和价值创造；而对于物流企业来说，则需要投入更多的精力和时间来提供更优质的物流服务，以满足客户日益增长的需求。例如，在物流配送中心，可能需要代理进口商品的报关、临时存储、搬运和配送，进行必要的流通加工等，提供从商品进口到送达消费者手中的一站式服务。

# 第三节　电子商务物流管理概述

## 一、电子商务物流管理的定义

电子商务物流管理，简而言之，涉及对电子商务物流活动的规划、组织、领导、协调、控制和决策等各个环节。其核心目标是确保物流活动的各个部分能够高效协同，降低物流成本，提高物流的运作效率和经济收益。换言之，电子商务物流管理就是深入研究电子商务物流活动的内在规律，并将其应用于对整个物流流程、各个环节以及各个方面的管理实践。

## 二、电子商务物流管理的特点

与传统物流管理相比较，电子商务物流管理具有以下特点。

### 1. 组织结构扁平化与管理幅度扩大化

在电子商务环境下，物流管理呈现出与传统管理截然不同的特点。这种变化主要体现在管理层次的减少和管理幅度的扩大上。这种趋势的形成，背后有多重因素的推动。

第一，分权管理理念的深入实践，使得企业内部的组织结构逐渐从传统的金字塔形向扁平化转变。在扁平化的组织结构中，各层级之间的直接联系减少，基层单位享有更大的自主权和独立性，这使得组织能够更加灵活、高效地运作。

第二，为了适应快速变化的市场环境，企业需要更加敏捷地响应市场需求。扁平化的组织结构能够减少决策过程中的中间环节，加快信息传递速度，使企业能够更快地做出决策和调整。

第三，现代信息技术的发展，特别是电子商务和计算机管理信息系统的广泛应用，为扁平化组织结构的实现提供了有力支持。通过计算机和网络技术，企业可以实现信息的实时共享和交流，避免了传统管理中因信息传递不畅而导致的决策延误和效率低下。

在电子商务物流管理中，计算机管理信息系统和网络技术的应用不仅解决了传统物流管理中管理幅度增加后信息量和人际关系复杂化的问题，还使得在同一时间点上，企业能够实现信息的即时共享和快速传递。这使得企业能够更好地满足客户需求，提高客户满意度，同时也降低了管理成本，提高了管理效率。

### 2. 实时化流程管理

实时化流程管理强调，在电子商务环境下，通过技术手段实现信息的即时共享与快速交流，并对整个物流过程进行实时监控与管理。随着网络和电子商务技术的不断进步，实时化管理在物流领域的应用日益广泛。

实时化流程管理不仅涵盖了信息的实时共享与交流，还涉及物流过程的实时管理。这包括对物流服务链的实时监控，确保服务质量和效率；同时，也包含了对服务价值链的管理，以实现价值最大化。此外，实时化管理不仅局限于企业自身物流的实时控制，还扩展到对客户物流的实时关注与管理，以更好地满足客户需求。

这种管理方式的应用，使得企业能够更迅速地响应市场的变化和客户的需求。无论是节点内的物流操作，还是节点外的物流协作，都能够通过实时化流程管理实现高效运作。这不仅提高了客户满意度，还降低了运营成本，提升了企业的竞争力。

### 3．虚拟化在线模拟

在电子商务的推动下，物流活动正经历着虚拟化与在线模拟的变革。这一变革依托于先进的虚拟技术和网络应用，为物流活动提供了一种全新的反映和模拟方式。虚拟化实际上是对真实物流环境的一种数字化映射，它使物流资源的配置和应用变得更加高效和精准。

借助互联网的发展，物流的在线虚拟化得到了更广泛的应用，这不仅极大地拓展了物流资源整合的范围和程度，还促进了物流活动在更广泛领域内的协同与合作。然而，这种变革也带来了更多的复杂性和管理难度，对技术支持条件提出了更高的要求。

通过虚拟化与在线模拟，企业可以更加灵活地调整物流策略，提高物流活动的频率和效率，从而降低物流成本，更好地满足客户需求。这种变革是电子商务环境下物流行业持续发展的重要趋势之一。

### 4．智能决策系统

在电子商务环境下，物流管理决策支持系统正逐步向智能化发展。该系统主要关注物流运作及其相关的经济行为，旨在通过智能化手段为物流管理提供方向、目标、规划、政策策略和重大措施的选择支持。

这个智能决策系统通过人机交互接口，为物流决策者提供了一系列强大的功能，包括数据的收集、存储、加工、模型化、分析、计算以及评价等。重要的是，这个系统并不替代决策者，而是作为决策者的信息支持工具，帮助决策者更好地利用自身经验和判断力，选择最佳的决策方案，从而优化决策。

对于电子商务物流中的程序化决策，智能决策系统能够依据科学理论和方法，建立高效的反馈和调整机制，使许多决策过程可以依赖计算机系统自动完成。这种智能化决策可以广泛应用于物流活动的各个层次和环节，从高层的战略性决策到基层的操作性决策，从储存管理到运输、加工以及配送管理等，都能得到智能化决策系统的有效支持。

**5．技术与方法的革新**

在电子商务物流活动的运作与管理中，技术革新和方法优化是不可或缺的两个方面。

技术的先进化体现在广泛运用计算机技术、信息技术等前沿手段来推动物流活动的顺利进行。这些技术包括但不限于通信技术、网络技术、视频技术、条码技术、地理信息系统（GIS）和导航技术等。这些技术的应用极大地提高了物流活动的效率和准确性。

方法的科学化则要求物流活动在运作与管理过程中采用更加先进和科学的方法。除了基本的管理方法外，物流领域还引入了一系列现代运作与管理方法，如准时制（JIT）、快速反应（QR）、物料需求计划（MRP）、分销需求计划（DRP）以及物流资源计划（LRP）等。这些方法的应用有助于企业更好地应对市场变化，提高物流活动的灵活性和响应速度。

技术与方法的革新是电子商务物流活动不断发展的重要动力，也是企业提升竞争力、满足客户需求的关键所在。

**6．功能专业化与战略联盟**

在电子商务环境下，物流活动的复杂性要求企业具备高度的专业性和协同性。由于物流活动包含众多内容，单一企业很难独立完成所有环节。因此，功能核心化成了一个重要的发展趋势。

功能核心化意味着企业应根据自身的实际情况和优势，专注于自己最擅长的物流活动环节，如仓储、运输、配送等，以实现专业化经营和效率最大化。通过集中资源和精力，企业能够提高自身在该领域的核心竞争力，为客户提供更高质量的服务。

与此同时，为了弥补自身在物流功能上的不足，企业之间需要建立战略联盟的合作关系。这种合作关系能够延伸物流服务的范围，实现资源共享和优势互补，为客户提供更加全面、高效的物流服务。战略联盟的建立不仅有助于企业提升整体竞争力，还能促进物流行业的健康发展。

## 三、电子商务物流管理的核心原理

电子商务作为一种革新的数字化交易与生活方式，预示着未来贸易、消费以及服务模式的变革。为了完善这一新型商业模式所需的整体环境，我们必须摒弃传统工业时代的局限，构建一个以商品代理和配送为核心，物流、商流、信息流三者紧密融合的现代化物流配送体系。

电子商务环境下的物流并不是孤立存在的，而是随着电子商务技术与社会需求的同步发展而发展的。它是电子商务经济价值得以真正实现的必要组成部分。电子商务所特有的电子化、信息化、自动化等特点，以及它所带来的高效、低成本、灵活性等诸多优势，使得电子商务下的物流管理在运作、管理等各个方面都呈现出与一般物流不同的特点。

在电子商务物流管理中，人们不仅要关注物流系统的设计与优化，还要对物流过程进行精细化管理，推动物流技术的创新与升级，并有效控制物流费用。同时，电子商务下的物流管理方法也是我们需要深入研究和探索的重要领域。通过这些努力，我们可以更好地满足电子商务发展的需求，提高物流效率，降低运营成本，为客户提供更加优质的服务。

### （一）成本优化原理

物流成本是衡量物流活动经济效益的重要指标，它涵盖了从原材料采购到最终产品送达消费者手中的全部成本。这些成本不仅包括物流活动中的直接成本，如包装、装卸、运输、储存、流通加工等过程中的人力、财力和物力投入，还涉及因物流活动产生的间接成本。

在企业资金流转的全过程中，物流环节通常占据了显著的时间成本。有数据显示，在工业生产中，物流所占用的时间几乎占整个生产过程的九成。由于物流技术、设备和管理水平的不足，物流领域往往成为企业管理的薄弱环节，存在大量的浪费和消耗。因此，物流领域也被形象地称为管理上的“未知领域”或“潜力区域”。

现代物流管理的主要目标之一，就是在保障物流运作顺畅、提高物流服务水平的同时，最大限度地降低物流成本。通过成本优化，企业可以进一步提高盈利能力，实现可持续发展。

在成本优化过程中，企业需要对物流管理的各个环节进行细致的成本—效益分析，识别并消除浪费现象，减少不必要的原材料和其他生产材料的消耗。对于物流过程中不产生附加价值的活动，如物品的无效放置、工具的频繁寻找等，应通过流程优化和再造来减少其比重，同时增加对创造商品价值和使用价值有直接贡献的活动，以提高物流效率，降低运营成本。例如，减少不必要的再次搬运和倒换等作业，可以有效降低企业的运营成本，提高经济效益。

## （二）规模经济原理

在物流管理中，规模经济原理体现在通过优化和协调各个物流环节，对企业各部门所需的原材料、生产资料等进行集中订货、集中销售，进而扩大集装货的规模，降低单位商品的生产和经销成本，从而增加单位商品的利润，实现经济效益的提高。

物流作为企业经营中涉及多个环节的关键流程，因其综合性强，成为企业最易实现规模经济的领域。以京东为例，其物流费用率逐年下降，主要得益于京东自建大型物流中心以及先进的管理体系和分拣技术。京东的仓储配送体系旨在降低履单成本并提高配送速度与服务质量，通过多级仓储体系和仓储信息系统的建设，有效降低了库存管理和信息传递成本，使得京东的履单成本显著低于第三方快递。

在规模经济的实现过程中，物流总部通过对企业物流活动进行综合层面的统一计划、组织和实施，有效节省了物流成本，扩大了物流效益，取得了规模经营的效果。物流公司通过巧妙合理的计划与运筹安排，将公司所需的物品与产品的订货进行集中分析、汇总和配货，使采购和销售更加稳定且大量化，进而实现了规模经济。这种规模经济的实现不仅降低了企业的运营成本，还提高了企业的市场竞争力。

企业要实现物流管理的规模效益，需从以下几个方面着手。

### 1. 物流活动的综合规划与组织

为了最大化物流活动的效益，企业应深入规划与组织相关环节。利用现代电子分析与交换技术，企业可以精准地分析供应商和客户的订货需求，并据此制订大批量采购与发货计划。这样做有助于实现物流管理的集中化，从而获得规模经济效益。比如，企业可以合并一定区域内的物流据点，实施内部物流管理的统一化与集中化，从而在确保物流活动规模的同时，享受到成本节约和服务优化的双重好处。

**2．物流分析系统的构建**

企业应建立物流分析系统，以深入剖析当前物流活动的运作情况，并发现其运作规律。基于这些分析，企业可以对客户订单和供应商订单进行运筹，为管理层提供决策支持。此外，物流分析系统还能提供反馈信息，帮助企业持续改进物流活动计划，确保其更加高效和符合市场需求。

**3．物流活动日历化管理**

通过引入物流活动日历，企业可以对物流活动的时间安排进行精细化管理。根据日历的指引，企业可以有效调度物流活动，确保它们在最合适的时间发生。同时，企业还可以根据客户的分布，对同日发生的同类物流活动进行分类、统计和汇总，实现统筹安排。这样做有助于企业的物流活动达到规模经济的标准，进一步提高物流效率和经济效益。

以海尔物流为例，通过整合各个产品事业部的采购业务，实施统一采购，海尔实现了低成本的 JIT（准时化）采购。无论是大型设备，还是小到办公用品，海尔都进行统一采购操作，使部分零部件的降价幅度达到了 5% ～ 8%，为海尔带来了显著的经济效益。

### （三）协助运作增效原理

在物流活动中，由于涉及诸多环节，企业常常面临资源如何高效配置的难题。为了将有限的资源聚焦在企业的核心优势上，企业经营者需要寻求一种资源优化配置的策略。在物流管理中，协同运作增效成了一种有效的解决方案。

协同运作增效是指企业根据自身实力和发展需要，将非核心优势的物流服务业务外包给具备专业优势的第三方物流公司来执行。这种做法不仅有助于企业将资源集中于核心业务，还能通过与第三方物流的协作，实现资源的优化配置和共同增值。

为了实现物流管理的协助运作效应，企业需要采取一系列策略来确保合作的顺利进行和效益的最大化。以下是几个关键方面的工作。

（1）明确并强化竞争优势：企业应识别各运作部门或相关企业的独特优势，并集中资源培养其核心竞争力。这有助于确保每个部门或企业在其专业领域内的卓越表现。

（2）提高物流网络协作水平：企业应持续优化物流网络的协作机制，通过精心组织与规划物流资源，提高物流服务的灵活性和响应速度。

（3）整合资源以实现协同效应：遵循“术业有专攻”的原则，企业应合理安排和整合物流资源，确保各合作伙伴在各自专长领域内发挥最大效用，从而共同实现协同运作的良好效果。

（4）专注于核心物流能力：企业应将部分资源专门用于物流协助运作方面，确保核心物流能力得到持续提升，为企业带来更大的竞争优势。

（5）灵活选择合作伙伴：当现有合作伙伴无法满足企业物流需求时，企业应迅速评估并寻找更具合作潜力的新伙伴，以确保物流运作的连续性和高效性。

以宝洁（P&G）和沃尔玛（Wal-Mart）的合作为例，两家公司共同实现了物流协同运作。宝洁通过沃尔玛的销售数据来精准安排原材料采购、生产计划和配送，有效控制了库存，提高了生产和物流的经济性。同时，沃尔玛也受益于宝洁的高效库存管理和快速补货服务，促进了产品销售和客户满意度的提高。这种合作模式充分展示了协助运作效应在提高企业竞争力方面的巨大潜力。

## 四、电子商务物流管理的内容

### （一）电子商务物流的核心功能要素

电子商务物流的核心功能涵盖了从起点到终点的一系列环节，这些环节协同工作，确保商品高效、安全地从生产者传递到消费者手中。以下是对这些功能要素的概述。

**1. 包装**

包装是指通过运用适当的技术方法和材料，将商品封装并加上适当的标识，是电子商务物流中不可或缺的一环。它不仅保护商品免受损害，还提高了物流作业的效率。从功能角度看，包装可以分为工业包装和商业包装。工业包装侧重于保持商品品质，而商业包装则注重提高商品价值，促进销售，并传递商品及企业信息。在现代物流体系中，包装被视为物流的起点，其重要性不言而喻。因此，将包装纳入物流系统之中，是现代物流的一个关键理念。

过去，包装主要被视为生产活动的一部分，其设计往往只考虑生产的需求。然而，随着物流观念的发展，人们认识到包装与物流的紧密关系。例如，为实现装载的单元化和标准化，包装的尺寸需要符合托盘等物流设备的标准规格。这使得包装作为物流起点的意义更加凸显。因此，现代物流管理强调将包装纳入整个物流系统中，以确保其满足物流运作的需求。

**2．装卸作业**

装卸作业是指负责在商品的流通过程中进行有效衔接，如连接运输、储存、包装和流通加工等活动，它是物流流程中至关重要的一个环节。同时，在储存阶段，装卸作业还涉及产品的检验、保护和保养。高效的装卸作业不仅能提升商品的流通速度，还能减少商品在搬运过程中可能受到的损害。

现代企业越来越认识到装卸作业标准化的重要性，通过使用适当的机械装置和工具，可以减少人为操作的不确定性和失误，进而降低产品损坏的风险。这种标准化作业不仅能提高装卸速度，还能有效降低装卸成本。

“马斯特箱”的使用是装卸作业效率提高的一个显著例子。通过将各种罐装、瓶装或盒装产品组合成更大的搬运单元，再配合适当的机械装置，如叉车，可以极大地提高装卸效率。同时，“马斯特箱”能有效保护商品，减少在运输过程中的损坏，并方便后续的运输作业。

值得注意的是，减少产品的装卸次数和时间对于降低产品损坏和提高物流效率至关重要。因此，在设计物流作业时，应尽量减少不必要的装卸操作。

**3．流通加工**

流通加工是指在商品流通阶段为便利销售而进行的辅助性加工活动，它是物流过程中不可或缺的一环。这些加工活动可以包括简单的钻孔、切割、组装等生产作业，以及分装、贴标签、商品检验等流通辅助作业。流通加工不仅能提升商品的附加值，还能为专门的物流公司减轻作业负担，形成服务差异化，从而增强企业的市场竞争力。

**4．运输**

运输涉及物品在空间上的移动，它是物流活动中的核心环节。由于运输的重要性和成本可见性，它一直受到管理部门的高度关注。运输需求可以通过多种方式实现，包括私人运输、合同运输和公共运输。具体的运输方式有公路运输、铁路运输、水运、航空运输和管道运输等。在选择运输方式时，需要综合考虑成本、速度和作业一致性这三个关键因素。

**5．保管**

保管涉及物品的临时储藏和管理，它是物流过程中的一个重要作业。保管的主要目的是填补生产和消费之间的时间间隔，确保生产活动的正常进行。保管的主要设施是仓库。然而，存货总是占用流动资金的，因此现代企业都在努力降低库存。这种趋势使得保管功能的内涵从单纯的"储藏物品"逐渐转变为"为出库做准备"，以更加高效地管理库存，提高资金的使用效率。

#### 6．配送

配送以配货和送货的形式将商品直接送到最终用户手中，它是物流活动的最后阶段。从物流的角度来看，配送涵盖物流的多个功能要素，如装卸、包装、保管和运输等，是物流活动在小范围内的全面体现。与一般物流活动相比，配送的独特之处在于其分拣和配货的过程，这是配送活动中不可或缺的一部分。通过有效的分拣和配货，配送能够实现规模化的送货，从而降低送货成本。如果不进行分拣和配货，只是简单地进行送货，就会大大增加劳动力的消耗，使送货的效率大打折扣。因此，分拣和配货是确保配送活动高效运作的关键环节。

#### 7．物流信息管理

物流信息管理涉及对物流活动相关的计划、预测以及物流动态信息的收集、加工、整理和提炼，是物流活动中的重要组成部分。有效的物流信息管理要求建立完善的信息系统和信息渠道，确保信息点的正确选定和内容的及时收集、汇总和统计。这些信息对于保障物流活动的可靠性和及时性至关重要。现代物流的概念正是建立在信息技术对物流活动进行全面管理的基础之上的，物流服务的质量在很大程度上取决于信息处理的及时性和便捷性。随着计算机和互联网的普及，物流作业得以连接成一个有机的系统，为物流的发展提供了强大的动力。

### （二）电子商务物流系统

电子商务物流系统是一个错综复杂的整体，由多个相互关联、相互依赖的物流要素构成，并使这些要素形成一个高效运作的网络，旨在实现物流活动的优化和合理化。电子商务物流系统作为社会经济系统的重要一环，其特性可以概括为以下六个方面。

#### 1．电子商务物流系统的内在本质

电子商务物流系统本质上是一个早已存在的实体，只是其系统性和优势在过去未被广泛认知。这个系统由多个要素组成，这些要素在社会的长期发展中

已经积累了较高的专业水平。一旦人们形成并采纳了先进的物流观念，依据这些观念构建电子商务物流系统，其潜在的优势就能迅速得到发挥。因此，从某种程度上讲，电子商务物流系统是现代科技与现代管理思想相结合，自然涌现的产物。

**2．电子商务物流系统的广泛覆盖性**

电子商务物流系统具有显著的广泛覆盖性，这主要体现在两个方面。从地域上看，它跨越了广阔的地理范围，不仅涵盖了企业间跨越不同地域的物流，还涉及国际的物流活动。从时间上看，它具有较大的跨度，需要应对不同时间段内的物流需求。这种大跨度特性使系统的管理变得更为复杂，对信息的依赖程度也更高，因为准确、及时的信息是确保系统高效运作的关键。

**3．电子商务物流系统的动态性与稳定性挑战**

电子商务物流系统与传统的生产系统存在显著区别。生产系统通常以固定的产品和生产方式运作，系统稳定性较高。然而，电子商务物流系统却面临着更大的动态性和不稳定性。它连接着众多生产企业和用户，随着市场需求、供应渠道、价格等因素的不断变化，系统内的要素和运作方式也经常需要调整。这种动态性要求系统必须具备高度的灵活性和适应性，以应对各种不可预测的变化，这无疑增加了系统管理和运行的难度。

**4．电子商务物流系统的中间层次特性**

电子商务物流系统作为一个中间层次系统，具备可分拆性，可以被分解为多个子系统。同时，它又在整个社会再生产过程中处于流通环节的关键地位，因此必然受到更大系统的制约，如流通系统和社会经济系统。这种中间层次特性使得电子商务物流系统既需要关注自身的优化和效率，又需要与外部环境保持协调，确保整个社会经济系统的顺畅运作。

**5．电子商务物流系统的复杂多面性**

电子商务物流系统的复杂性体现在多个方面。首先，其运行对象“物”涵盖社会上的各种物质资源，涉及国民经济的各个领域，这种广泛性本身就增加了系统的复杂性。其次，系统要素之间的关系错综复杂，不像某些生产系统那样简单明了。这种复杂性要求人们在管理和运营电子商务物流系统时必须具备高度的专业性和综合能力。

**6．电子商务物流系统中的“效益背反”现象**

在电子商务物流系统中，存在着一种被称为“效益背反”或“交替损益”

的现象。这指的是系统中的某些要素在追求某一方面的效益时，可能会对其他方面的效益产生负面影响，从而导致系统总体效益的下降。这种现象主要是由于电子商务物流系统的“后生性”特点所致，即许多要素在按新观念建立系统前，就已经是其他系统的组成部分，因此可能受到原系统的影响和制约，不能完全按照电子商务物流系统的要求运行。这要求人们在设计和管理电子商务物流系统时，需要充分考虑各种要素之间的相互作用和影响，以实现系统整体效益的最优化。

### （三）电子商务物流人力资源管理策略

电子商务物流的顺畅运行与功能的充分发挥，其背后的核心支撑在于有一支专业、高效、结构合理的人才队伍。电子商务物流管理不仅要求拥有数量适宜的决策层、管理层、技术层以及操作层人员，更要求这些人员具备扎实的专业知识、卓越的组织能力以及强烈的创新意识。

随着电子商务物流的迅猛发展，对于人才的需求也日趋多元化和专业化。从经营、管理到科研，从仓储、配送到流通加工，从通信设备到计算机系统维护，以及贸易等多个领域，都需要大量的专业人才来支撑。因此，我们必须加大对人才培养的投入，积极引进和培养掌握先进科技知识的人才，为他们提供广阔的发展空间和平台。

同时，对于现有员工，我们也应有计划地实施定期培训，帮助他们不断学习和掌握新知识、新技能，以适应行业发展的需求。在企业内部引入竞争机制，激发员工的积极性和创造力，形成优胜劣汰的良好氛围。此外，我们还应注重提高员工的科技创新意识，培养企业对于新知识的吸纳能力，推动电子商务物流管理向知识密集型方向转型。

在电子商务物流的人力资源管理中，我们强调以人为本的管理理念，将人的发展与企业的发展紧密结合。通过科学的人力资源管理策略，包括人力资源规划、职务设计与分析、人才测评、招聘与选拔、员工培训与发展、绩效考核与激励、薪酬福利与员工关系等多个方面，来充分开发和利用企业的人力资源，挖掘员工的潜力，调动他们的积极性，提高工作效率，最终实现企业的战略目标。

### （四）电子商务物流企业管理策略

电子商务物流企业作为现代流通领域的重要组成部分，其管理体系的构建对于企业的运营效率和市场竞争力至关重要。在构建管理体系时，需要明确企业的组织结构，这是企业内部各部门、各层级之间分工协作和领导关系的总和。一个合理的企业组织结构应能够适应市场变化和企业发展需求，确保各部门之间的高效沟通与协作。

物流企业作为专门从事商品实体流通的经济组织，其核心经济活动包括经营和管理两个方面。经营主要涉及商品的购销、储存和运输等业务流程，是物流企业实现价值转移和商品实体流动的主要手段。而管理则是对经营活动的组织、指挥、监督和调节，以确保企业按照既定的经营目标运行，并追求经济效益的最大化。

在构建电子商务物流企业管理体系时，我们需要运用现代管理理论和科学方法，通过计划、组织、指挥、协调和控制等管理职能，对企业的人力、物力和财力进行合理配置和有效运用。这些管理职能是相互关联、相互依存的，需要在实际管理中全面考虑、灵活运用。

随着电子商务物流企业经营规模的扩大和结构的变化，管理活动的内容也变得更加复杂。因此，我们需要不断探索和创新管理职能，如引入激励职能和创新职能等，以激发员工的积极性和创造力，推动企业的持续发展。

### （五）电子商务物流质量管理策略

质量管理体系是随着国际贸易的发展应运而生的，它旨在满足现实需求并不断进化。这一体系的起源可以追溯至美国，并最终发展成为全球通用的标准。国际标准化组织（ISO）在 1979 年成立了专门的质量保证技术委员会，后更名为质量管理和质量保证委员会，负责统一质量术语，并推动质量体系、质量保证及相关技术领域的标准化和协调工作。这一努力的成果包括 1986 年的 ISO 8402《质量——术语》和 1987 年的 ISO 9000 系列标准，这些标准构成了最初的 ISO 9000 系列，为服务（产品）的定义提供了框架。

物流被视为服务（产品）的一种，是物流活动或过程的结果，通常包括运输、存储、包装、装卸、物料搬运和配送等环节。物流组织，无论是独立运营还是作为企业内部部门，都从事这些活动。实施质量管理并根据 ISO 9000 系列标准建立、执行和持续改进质量管理体系，对物流组织来说是至关重要的，这有助于它们适应市场竞争，满足客户需求，提高管理水平，并持续提高组织的整体绩效和效率。

物流质量的不足可能导致物流企业及相关企业遭受一系列损失，包括赔偿费用、处理索赔的行政和法律成本、货物退回和重新发送的费用、时间延误和利息损失，以及公司或企业的信誉损失。物流质量是一个全面的概念，它不仅包括物流对象的质量，还包括物流手段、方法和工作质量，主要涵盖物流对象的质量保护、服务质量、工作质量和工程质量四个方面。

电子商务物流质量管理，也称为物流质量管理，是运用科学的质量管理方法和工具，以质量为核心，对物流全过程进行系统管理。这包括计划、组织和控制等活动，旨在确保和提升物流产业的质量和工作质量，是一种全面的质量管理实践。物流质量管理具有全面管理对象、全面管理范围和全员参与管理的特点。

由于物流质量管理的全面性，全面质量管理的原则和方法同样适用于此领域。物流作为一个大系统，系统中各环节之间的联系和配合至关重要，因此物流质量管理应强调预防为主，重视事前管理，确保每个物流过程都能为下一个过程考虑并预防可能出现的问题。

物流质量管理需要满足生产者和用户两个方面的需求：保护生产者的产品能够以高质量和数量转移给用户，并按照用户的要求将所需商品送达。物流质量管理的目标是在满足用户质量要求和以经济手段提供服务之间找到最佳平衡点。为此，必须全面了解各方面的需求，分析并确定合理且被广泛接受的要求，作为管理的具体目标。从这个角度来看，物流质量管理可以被定义为：采用经济有效的方法，为用户提供满足其要求的物流质量的体系。

第二章

# 我国电子商务物流发展研究

## 第一节 现阶段我国电子商务物流的发展态势

### 一、电子商务物流市场蓬勃发展

自“十四五”规划实施以来，中国的电子商务行业持续快速增长。2023年4月商务部电子商务司发布的《中国电子商务报告（2022）》显示，全国电子商务交易额达到43.83万亿元，同比增长3.5%。其中，网上零售额为13.79万亿元，同比增长4%；实物商品网上零售额为11.96万亿元，同比增长6.2%；农村网络零售额为2.17万亿元，同比增长3.6%；农产品网络零售额为5 313.82万亿元，同比增长9.2%。此外，跨境电商进出口总额为2.11万亿元，同比增长9.8%，其中出口商品总额为1.55万亿元，进口商品总额为0.56万亿元。电子商务服务业营收规模为6.79万亿元，同比增长6.1%，电子商务交易平台服务营收规模为1.54万亿元，同比增长10.7%。电子商务从业人员数量达到6 937.18万人，同比增长3.1%。

电子商务物流是指为电子商务活动提供的各种物流服务。近年来，随着电子商务的蓬勃发展，电子商务物流也迎来了快速增长期。快递服务作为电子商务物流的重要组成部分，其业务量和收入持续攀升。根据国家邮政局的数据，2022年全国快递服务企业业务量累计完成1 105.8亿件，同比增长2.1%。

电子商务物流市场规模的持续增长得益于多方面因素。首先，全球化和互联网技术的不断进步推动了跨境电子商务的发展，消费者对快速、高效、安全的物流服务需求日益增长。其次，中国政府出台了一系列政策，积极推动跨境电商的发展，为跨境电商物流市场提供了更多机遇，并促进了市场的规范化发展。此外，新冠疫情对传统跨境物流造成了一定影响，但跨境电商物流凭借其互联网技术、高效率和低风险等优势，抓住了发展机遇。最后，中国政府通过减税、补贴、优惠贷款等措施，加大对跨境电商物流的支持力度，并推动基础设施建设，提高跨境物流的效率和质量。

总之，电子商务物流市场规模的持续增长是多种因素共同作用的结果。随着全球化、互联网技术的发展，政策环境的变化以及疫情对传统跨境物流的影响，预计未来几年，中国电子商务物流市场将继续保持增长势头。

## 二、电子商务物流行业增长放缓

近期，随着中国电子商务和网上零售额的同比增长率放缓，电子商务物流的业务量和收入增长速度也呈现下降趋势。根据国家邮政局的数据，2022年，国内快递业务量和业务收入的增长速度有所减缓。具体来看，同城、异地以及中国港澳台地区和国际快递业务量的比重发生了变化，其中同城快递业务量比重下降了 1.4 个百分点，异地快递业务量比重上升了 1.6 个百分点，而中国港澳台地区及国际快递业务量比重下降 0.2 个百分点。从地域分布来看，东部、中部和西部地区的快递业务量比重分别为 76.8%、15.7% 和 7.5%，与前一年相比，东部地区比重有所下降，而中西部地区比重则有所上升。此外，2023 年 7 月中国电商物流指数为 110.9 点，较 6 月小幅上升了 0.3 个百分点。

从行业规模来看，电子商务物流行业曾随着电子商务行业的蓬勃发展而迅速扩张。然而，由于电子商务行业竞争的加剧，消费者对物流服务期望的提升，电子商务物流的增速开始放缓。在一些竞争激烈的细分市场，如服装和电子产品，同质化竞争导致物流服务成为消费者决策的关键因素，增加了电子商务物流行业的竞争压力。

从物流成本角度来看，电子商务物流成本一直是企业面临的一项重大开支。尽管电子商务物流行业规模持续增长，但物流成本依然居高不下，这主要是由于物流行业本身的特点，如基础设施建设、运输和人力成本等都需要巨额投资。特别是在偏远地区，由于运输成本高昂和地形复杂，物流成本问题尤为突出。

从技术应用角度来看，尽管互联网技术在电子商务领域得到了广泛应用，但在物流行业，技术的应用还相对滞后。物流行业的智能化和自动化技术仍处于起步阶段，这不仅影响了物流的效率和服务质量，也增加了企业的运营成本。

从政策环境角度来看，尽管国家推出了多项支持电子商务发展的政策，但在物流领域，政策支持力度尚显不足。例如，在城市配送和农村电商等领域，由于缺乏足够的政策支持，企业难以获取必要的土地和资金资源，来建设配送中心和推动农村电商业务。

电子商务物流行业增速放缓的原因是多方面的，包括行业竞争加剧、物流成本上升、技术应用不足以及政策环境的挑战等。这要求企业加强技术创新和优化管理，提高物流效率和服务质量，以适应市场和消费者需求的变化。同时，政府也需要加大对电子商务物流行业的支持和引导，出台有利于行业发展的政策措施，促进电子商务物流行业的持续健康发展。

## 三、电子商务物流政策环境持续优化

中国政府对电子商务物流行业的重视程度不断提升，并致力于推动该行业的健康发展。2021 年，中央政府在相关文件中强调了完善农村物流体系、加强农村寄递物流基础设施，并提出要深化电子商务在农村的应用，促进农产品的销售，以及推动城乡消费的有效对接。此外，还提出了加快农产品仓储保鲜冷链物流设施的建设计划。

在具体措施上，交通运输部推动了“交通物流 + 电子商务”项目的建设，并鼓励物流企业进行技术升级。国家发展改革委支持构建适应网络销售的物流和仓储体系。商务部、财政部等联合开展了电子商务进农村的综合示范工作，支持示范县的电子商务及物流体系发展。

在跨境电子商务物流领域，国家邮政局、商务部、海关总署等部门支持企业建立海外仓库，并鼓励提供全程物流跟踪、退换货、赔偿以及营销、融资、仓储等增值服务，支持跨境电子商务综合试验区的建设。

在技术创新方面，中国电子商务物流行业正通过互联网、物联网、大数据等技术的应用，逐步实现数字化和智能化转型。这些技术的应用提高了物流作业的透明度、安全性，并为企业决策提供了数据支持。

在政策环境方面，中国政府出台了多项政策以支持电子商务物流行业的发展，并加强了对该行业的监管，为行业的转型升级和稳定发展提供了规范。

在市场需求方面，随着电子商务市场的持续扩大和消费者对物流服务质量要求的提升，电子商务物流行业面临的需求也在增长。特别是在生鲜电商等细分市场，消费者对食品的新鲜度和安全性有更高的期待，这要求物流服务必须提供更快捷、更可靠的配送。

在总结电子商务物流协同发展的经验方面，商务部和国家邮政局等总结出了一系列典型做法，包括完善基础设施、优化配送管理、提升末端服务能力、协同运行效率增强以及推动绿色发展等 12 项工作任务。

总体而言，中国电子商务物流行业的政策体系正在不断完善，技术创新持续推进，市场需求不断增长，政府的支持和监管也在不断加强，共同促进了行业的健康发展。

## 四、电子商务物流创新动力持续增强

随着现代信息通信技术的快速发展，电子商务物流企业正迅速实现智能化升级。信息技术的应用正在推动电子商务物流向智慧物流的转型，包括信息化管理系统、智能客服、自动驾驶车辆、无人机，以及无人仓库在内的智能化设施和技术正在快速普及。同时，自动化分拣、扫描和称重设备的使用比例也在稳步提升。物流需求的预警系统、物流动态的预测技术、供应链的智能分仓优化，以及车辆路径的智能规划等创新应用逐渐成为行业发展的焦点。

2020 年，一些重要的里程碑标志着智慧物流的进步。例如，日日顺物流首次推出了针对大件商品的智能无人仓库；京东流建成了亚洲首个全流程智能化、柔性化生产的物流园区——北斗新仓；菜鸟网络也推出了第三代无人仓库，实现了商品存储到直接发货的全流程自动化。菜鸟供应链还发布了一套全面的物流供应链服务产品体系，包括数智大脑系统、数智化仓储运配服务、数智全案解决方案以及商流联动产品等，覆盖了全链路和全场景。

此外，智能配送机器人的应用也在行业内崭露头角，如顺丰推出的“小优”、阿里巴巴的物流无人车“小蛮驴”，这些机器人都能够有效减少配送时间和人力成本，提高配送的效率。

总体来看，电子商务物流领域的创新动力正在加速释放，通过技术创新和智能化升级，整个行业正朝着更高效、更智能的方向发展。

## 五、电子商务物流市场主导力量日益凸显

近年来，我国电子商务物流市场的竞争格局越发明显，市场集中度持续保持在高位水平。据国家邮政局的最新数据，2024 年快递与包裹服务市场的品牌集中度指数 CR8 已提升至 85.2%，相较于 2023 年的 84.0%，这一数据再次印证了市场主导力量的稳固和增强。

在这一市场中，京东、菜鸟、顺丰以及被誉为“四通一达”的圆通、申通、中通、百世和韵达等大型企业继续占据主导地位。京东凭借其强大的自有物流体系，以卓越的送达速度和优质的服务质量赢得了消费者的广泛认可。与此同时，阿里巴巴也不甘示弱，通过菜鸟网络这一平台，积极投资和整合各大快递企业，如圆通、中通、申通等，构建起庞大的物流网络。

阿里巴巴的物流布局策略尤为引人注目。自 2015 年起，阿里巴巴联合云锋基金投资了圆通，随后在 2018 年以高达 13.8 亿美元的投资额进军中通，进一步巩固其在物流领域的地位。2019 年 3 月，阿里巴巴更是以 46.6 亿元的投资成为申通的第一大股东，掌握了高达 45.59% 的股份。到了 2020 年 4 月，阿里巴巴再度出手，入股韵达，持有了 2% 的股份。这一系列的投资和整合，使得阿里巴巴通过菜鸟网络实现了对整个物流网络的高效调度和管理，进一步缩小了与顺丰、京东等竞争对手在配送服务方面的差距。

从行业发展的视角来看，电子商务物流行业近年来正经历着显著的增长势头。随着电子商务市场的蓬勃扩张，电商物流行业的需求也在稳步增长。这种增长动力主要源于两个方面：一是消费者对高效、便捷的物流服务日益增长的需求，二是企业为降低成本、提升运营效能而对物流流程进行优化的迫切需求。这些需求的提升不仅推动了电商物流行业的快速发展，更为其创新变革注入了源源不断的活力。

从物流技术革新的维度审视，现代计算机信息技术的飞速进步和广泛应用，为电子商务物流行业的创新开辟了新的天地。具体来说，物联网、大数据和人工智能等前沿技术的融入，让物流过程变得更为透明、高效。这些技术能够实时监控物流动态，实现智能调度，优化运输路径，进而降低物流成本，提高物流效率和服务质量。此外，这些技术的运用还极大地提高了物

流行业的智能化和自动化水平，为电子商务物流行业的创新发展注入了强劲动力。

从商业模式革新的角度来看，电子商务物流行业正不断探索和尝试全新的经营策略。其中，共享物流、即时物流和社区团购等新型模式逐渐崭露头角。这些新模式不仅精准地满足了消费者的个性化需求，而且通过优化物流流程和降低运营成本，为企业带来了更高的盈利能力。这种创新性的商业实践为电子商务物流行业的持续发展注入了新的活力，并为其创新发展提供了强有力的支撑。

从政策扶持的维度观察，政府已经对电子商务物流行业的发展给予了高度的重视和实质性的支持。政府通过制定和实施一系列政策，为电子商务物流行业的健康发展提供了有力的保障。这些政策不仅有助于规范行业秩序，确保市场的公平竞争，也为电子商务物流行业的创新发展提供了更多的政策红利和动力。这种积极的政策环境将进一步推动电子商务物流行业实现更高质量的发展。

电子商务物流行业的创新动力正日益增强，这源于行业规模的稳步扩大、物流技术的持续革新、商业模式的不断创新以及政策环境的积极支持等多方面的综合作用。这种创新不仅显著提升高了电子商务物流行业的整体竞争力，而且为消费者带来了更为优质、高效的物流服务体验，进一步推动了电子商务市场的蓬勃发展。同时，创新也为企业带来了更多的商业机会和价值增长，有助于企业实现长期、稳定、可持续的发展目标。

## 六、电子商务物流快速向低碳转型

电子商务物流正迅速向低碳化方向转型，成为推动我国节能环保、助力实现碳达峰和碳中和目标的关键领域。国家邮政局不断寻求并推进快递包装的绿色化进程，实施了一系列绿色采购试点，并大力推广可循环使用的中转袋（箱），以替代传统的一次性塑料编织袋。与此同时，包括中国邮政、顺丰、申通、中通、菜鸟、京东等在内的众多电商物流企业积极响应，通过采用可降解的塑料袋、无胶带纸箱以及可循环使用的中转袋等措施，显著减少了碳排放和能源消耗。为了进一步推动这一转型，国家发展改革委和生态环境部联合发布了《“十四五”塑料污染治理行动方案》，明确提出到2025年，电子商务快件将基本告别二次包装，可循环快递包装的应用规模将达到1000万个，为实现绿色物流和可持续发展奠定坚实的基础。

电子商务物流行业正迅速向低碳化转型，这一转变凸显了物流行业作为国民经济核心支柱在节能减排和绿色发展中的关键作用。为了推动这一转型，国家层面已经出台了一系列政策和指导意见，旨在加快构建绿色低碳循环发展的流通体系。这些政策涵盖绿色物流理念的普及、绿色物流技术的研发创新，以及绿色物流管理模式的优化等多个方面。这些举措的实施，不仅有助于提升物流行业的整体能效，减少碳排放，还能够推动整个经济社会的可持续发展。

从政策视角审视，国家为加速电子商务物流向低碳化转变，制定了一系列针对性政策。这些政策旨在激励企业积极采用前沿的物流技术，进一步优化物流管理流程，并广泛传播绿色物流的核心理念。这些举措不仅为电子商务物流的低碳转型提供了强有力的政策支撑，也确保了转型过程的顺利进行和可持续发展。

在技术创新领域，电子商务物流企业正积极投入研发，寻求物流技术和设备的革新。它们开始广泛采用电动车辆和燃料电池车辆等清洁能源驱动的运输工具，以逐步取代传统燃油车辆，从而降低碳排放。此外，这些企业还在努力构建智能化的物流管理系统，利用人工智能和大数据等先进技术提高物流运作的效率和准确性，进一步减少能源消耗和碳排放，推动行业向更加绿色、高效的方向发展。

在管理层面，电子商务物流企业正致力于优化其运营流程和模式，以实现更高效的物流管理和更低的碳排放。他们通过精心规划运输路线，避免不必要的绕行和重复运输，从而显著减少无效运输，降低能源消耗和碳排放。此外，这些企业还积极引入先进的物流信息管理系统，通过自动化和智能化的手段提高物流运作的效率和准确性，进一步减少人力和物力的浪费，推动整个物流行业的可持续发展。

电子商务物流行业正迈向低碳转型的快车道，这是行业发展的必然方向。在政府政策的引导下，结合技术创新和管理优化的双轮驱动，电子商务物流企业正积极投身这一转型过程，为实现绿色发展、节能减排的目标贡献自己的力量。然而，在前进的道路上，企业也面临着诸多挑战，需要克服这些困难，确保行业的可持续发展。因此，电子商务物流企业需要持续创新，优化运营，共同推动行业向更加绿色、低碳的方向迈进。

## 第二节　我国电子商务物流面临的挑战与应对策略

### 一、电子商务物流发展的主要挑战

随着信息技术的迅猛发展，我们身处一个网络高度发达的时代，普通人可以轻易通过网络平台完成商品交易和信息交流。这种信息技术的普及极大地加速了信息、资金、商品以及物流的流通速度，显著提高了交易效率。然而，在这个流程中，物流作为电子商务运营的关键环节，其效率和质量直接影响整个交易的成败。在我国，电子商务物流在配送环节面临着一系列挑战，这些挑战主要包括以下几个方面。

#### （一）对物流发展认知不足

我国在物流领域的发展上，仍面临认知层面的不足。许多企业和企业领导者对物流的深层含义和战略价值缺乏充分理解，导致物流发展的观念相对滞后。当前，物流产业虽然取得显著进步，但仍有诸多短板，如企业规模偏小、专业化水平不高、产业布局不够合理等，这些问题均影响了物流资源的有效配置和合理利用，从而制约了物流产业的可持续发展。

在这个背景下，电子商务作为现代科技的重要应用，其在物流领域的作用不容忽视。电子商务能够极大地提高物流信息的传递速度和共享效率，从而优化物流流程、降低成本。此外，电子商务还能帮助企业拓展市场、增加销售渠道，从而为企业带来更大的经济效益。

然而，现实中许多企业仍将物流简单视为仓储和运输的集合，未能充分认识到电子商务在物流领域的应用潜力。实际上，电子商务不仅能降低成本、提高效率，还能帮助企业实现经济效益的最大化。例如，通过电子商务，企业可以实现订单处理、库存管理、销售预测等环节的自动化和智能化，极大地提高了运营效率。同时，电子商务还能促进企业与供应商、客户之间的信息共享和协作，优化供应链和销售链，最终实现经济效益的显著提升。

因此，我国应加强对物流产业的规划和指导，推动物流企业向规模化、专业化发展，优化产业布局和资源配置。同时，应鼓励企业积极利用电子商务技术提升物流能力，以实现物流产业的持续、健康发展。

### （二）物流专业人才供需失衡

电子商务的蓬勃发展正在推动物流行业进行深刻的变革和迅速的扩张。面对消费者日益增长的需求和期待，物流行业需要不断创新、优化服务，以提供更加高效、可靠和定制化的解决方案。然而，一个显著的问题正在阻碍着这一进程——物流专业人才短缺。

随着物流行业的快速扩张和新技术的不断涌现，如智能物流、云物流等，对物流专业人才的需求急剧增长。然而，现有的物流教育和培训体系往往难以跟上这一速度，导致人才供给远远滞后于市场需求。

现代物流对人才的专业技能要求日益提高，特别是在大数据分析、物联网技术和人工智能等前沿领域。然而，当前许多高校物流专业的学生往往缺乏对这些领域的知识学习和实践经验，使他们在面对企业实际需求时显得力不从心。

物流行业的沟通密集型特点使得人才流动率较高，员工需要频繁与客户、供应商以及其他合作伙伴进行交流。这种特性在一定程度上加剧了专业人才短缺的问题，因为企业需要不断寻找和培养能够胜任这些职责的人才。

当前的高等教育体系在物流专业人才培养方面存在着局限性。一方面，课程设置过于注重理论知识的传授，而与实践操作结合不够紧密；另一方面，教学内容往往不能及时反映物流行业的最新动态和技术发展，导致学生难以掌握行业前沿知识和技能。

物流行业的工作压力较大，特别是在电商旺季等高峰时段，需要员工承担较高的工作负荷。这使得一些毕业生对从事物流行业产生顾虑，进一步加剧了人才短缺的问题。

在一些地区，如电商和网络经济快速发展的新兴地区，物流专业人才短缺的问题尤为突出。这些地区对物流人才的需求远超过当地高等教育体系的供给能力，使企业难以招到合适的专业人才。

### （三）物流业基础设施滞后

物流业发展的基础环境是其顺利运行和持续进步的基石，主要包括交通运输设施和信息传输设备等方面。然而，在我国，物流产业主要由自主经营的企业构成，这些企业在通信设备、网络设备等关键技术装备上相对滞后。同时，运输枢纽的规模有限，无法满足日益增长的物流需求，导致运输效率不高。

此外，我国物流运输网络的覆盖范围和密度也存在不足，运输网点数量有限，这使得信息的传递和收集受到很大限制。信息收集的不完整和不合理，导致物流信息的准确性和实时性大打折扣，从而影响整个物流过程的效率和准确性。

这种基础设施的滞后状态，使得我国物流业无法满足现代电子商务物流产业对高效、便捷、智能化的需求，成为制约我国电子商务物流发展的关键因素之一。为了促进物流业的健康发展，必须加大投入力度，加快基础设施建设，提高物流信息化水平，以满足电子商务物流的快速发展需求。

### （四）物流行业标准缺乏统一规范

在物流行业，虽然存在一系列物流标准，如国家物流标准、国际物流标准等，但这些标准往往针对的是特定环节或活动，缺乏全面、统一的规范。这种情况导致不同物流企业之间的合作和信息共享困难，从而增加了物流成本，并降低了物流效率。

此外，不同物流企业可能采用不同的物流信息系统，这些系统之间的数据格式、接口标准等可能存在显著差异。这种差异使得不同物流系统之间难以实现数据共享和信息交流，加剧了企业间的“信息孤岛”现象。

更进一步说，物流行业中的设施和设备标准各不相同。例如，仓库、运输车辆、装卸设备等可能存在较大差异，这导致不同设施设备之间难以有效衔接和配合，从而增加了物流成本和降低了物流效率。

由于缺乏统一的物流标准和服务标准，不同物流企业提供的服务质量参差不齐。一些企业可能存在服务延误、货物损坏等问题，而另一些企业则能提供高效、可靠的服务。这种差异不仅影响了物流行业的整体形象，也制约了物流行业的健康发展。

物流行业标准缺乏统一规范已经成为制约其发展的重要因素之一。为了推动物流行业的持续健康发展，需要制定更加全面、统一的物流标准，并加强不同物流企业之间的合作和信息共享。

### （五）物流法律法规体系不健全

当前，我国在物流法律法规体系的建设方面还存在一些明显的不足。首先，尚未有专门的物流法律对物流行业进行全面规范，物流企业在运营过程中缺乏明确的法律指引和保障。尽管有诸如《中华人民共和国物流业发展中长期规划（2013—2020 年）》等政策文件作为指导，但这些文件更多的是政策层面的引导，缺乏法律层面的强制力和约束力。

其次，现行的物流法律法规之间存在不协调和冲突的问题。由于物流行业涉及多个领域和部门，不同地区的物流法规可能存在差异，导致企业在跨地区经营时面临法律适用的困惑。同时，不同层级的法律法规之间也可能存在冲突，使得企业难以准确理解和遵守相关法律规定。

再次，物流法律法规的执行力度也不尽如人意。一些地方政府在物流违法违规行为的查处上不够严格，导致一些不规范的企业和个人得以逃避法律制裁，这严重影响了物流行业的公平竞争和健康发展。

最后，随着电子商务、物联网等新技术的不断涌现，物流行业正经历着深刻的变革。然而，现行的物流法律法规往往滞后于行业的发展，难以适应新的物流模式和业态的需求。这使得一些新兴的物流企业在面临经营风险时缺乏足够的法律保障和支持。

总之，我国物流法律法规体系的不健全已经成为制约物流行业发展的重要因素之一。为了推动物流行业的健康发展，需要加快完善物流法律法规体系，加强法律法规的协调性和执行力度，并密切关注行业发展趋势，及时制定和调整相关法律法规。

## 二、电子商务物流发展的策略与建议

随着国内物流行业的迅猛发展，许多企业得以通过优化物流成本来提高市场竞争力。在政府部门政策扶持下，国外资本也逐渐投资于我国的物流和配送设备，进一步推动了物流行业的升级。在此背景下，条形码技术、计算机技术、电子数据交换（EDI）、物资需求计划（MRP）等先进物流配送技术被引入我国。

为了顺应市场化、网络化和全球化的经济发展潮流，电子商务环境下的物流发展需要从硬件设施和软件系统两个方面综合考虑，两者相互支持、相互影响，共同促进电子商务物流的持续发展。具体策略与建议如下：

### （一）强化电子商务物流配送体系的全面建设

随着电子商务的迅猛增长，物流配送体系面临着前所未有的挑战与机遇。然而，现实中物流配送体系的建设仍面临诸多障碍，如相关部门对现代物流的认知不足、缺乏协调统一的战略规划、政府管理体制分散、法律法规不健全，以及物流配送企业设立受限等。这些障碍限制了电子商务的发展，并影响了其高效、迅速、便捷的特点的发挥。

为了应对这些挑战，需要从多个方面入手，全面强化电子商务物流配送体系的建设。

第一，需要更新观念，提升对物流的重视程度。各相关职能部门和企业管理者应深刻认识到物流在电子商务中的核心地位，是实现电子商务高效运作的关键环节。只有高度重视物流配送，才能为电子商务的发展提供有力支撑。

第二，加强战略协同与规划，形成统一的电子商务物流配送体系。政府应加强对物流行业的统一规划和管理，打破地域和行业壁垒，构建开放、竞争、有序的物流市场。同时，各相关部门应密切合作，共同制定物流配送体系的发展战略，确保各项政策措施的顺利实施，推动电子商务物流配送体系的健康发展。

第三，建设完善的物流配送基础设施网络。为了确保电子商务物流配送网络覆盖全国各地，包括偏远和农村地区，需要加大投入力度，建设包括运输、仓储、包装、配送等环节的完善基础设施网络。同时，应积极引入先进的物流技术和设备，提高物流配送的效率和准确性。

第四，加强对专业人才的培育与引进。电子商务物流配送体系的建设离不开专业人才。政府和企业应重视专业人才的培养和引进工作，通过建立培训基地、加强校企合作、引进国际先进经验等方式，提高专业人才的素质和能力，为物流配送体系的建设提供坚实的人才保障。

第五，加强法律法规建设，规范物流配送行业的市场秩序。政府应加强对物流配送行业的法律法规制定和完善工作，建立健全行业法规体系。同时，应加大对物流配送企业的监管力度，规范市场秩序，提高行业的整体服务水平和竞争力。

强化电子商务物流配送体系的全面建设需要政府、企业和社会各界的共同努力。通过提高对物流的重视程度、加强战略协同与规划、完善基础设施网络、加强人才培养和法律法规建设等多方面的措施，推动电子商务物流配送体系的不断完善和发展，为电子商务的繁荣提供有力保障。

### （二）深化员工互动，全面推进教育培训工作

随着电子商务的快速发展，物流配送行业对员工的专业素养和技能水平提出了更高要求。然而，当前不少物流配送企业员工在知识结构和技能掌握上还存在短板，这在一定程度上制约了企业的竞争力。

为了应对这一挑战，企业应积极深化与员工之间的互动，全面推动教育培训工作。具体而言，可采取以下措施。

第一，构建全方位培训体系。企业应基于市场需求和自身发展需要，构建一套全面、系统的培训体系。培训内容应涵盖物流配送的专业知识、操作技能、服务规范等多个方面，确保员工能够全面提高自身能力。

第二，加强员工参与和互动。企业应通过定期的员工座谈会、意见征集等方式，积极倾听员工的声音，了解他们的需求和期望。这样不仅能增强员工的归属感和工作积极性，还能使教育培训工作更加贴近员工实际需求，增强培训效果。

第三，创新培训形式。企业应积极探索多样化的培训方式，如内部培训、外部培训、在线学习等。这些不同的培训形式可以满足员工不同的学习需求，提高学习的灵活性和趣味性。

第四，深化校企合作。企业应积极与高校建立合作关系，共同开展人才培养和技术研发。通过校企合作，企业可以获得更多高素质的人才资源，高校也能获得实践机会，实现产学研的深度融合。

深化员工互动、全面推进教育培训工作是电子商务物流配送体系建设的重要一环。只有不断提高员工的专业素养和技能水平，企业才能在激烈的市场竞争中立于不败之地，为电子商务物流配送体系的建设提供坚实的人才保障。

### （三）优化配送中心，构建高效物流服务体系

构建高效、可靠的配送中心物流服务体系对于电子商务物流配送体系的完善至关重要。配送中心作为物流网络的核心节点，承担着货物集散、存储、分

拣、配货及流通加工等多重功能，是电子商务运作中不可或缺的一环。然而，当前一些电子商务企业的配送中心在运营和管理上尚存在不足，如管理效率低下、信息化程度不高、配送响应速度慢等，这些问题都制约了电子商务的进一步发展。

为了优化配送中心并构建高效物流服务体系，建议采取以下策略。

第一，加强信息化建设。通过引入射频识别、条形码、电子数据交换等先进技术，实现货物信息的实时追踪和更新，确保企业能够迅速掌握库存动态、销售情况等关键信息，为决策制定提供有力支持。

第二，推进配送中心自动化。利用自动化立体仓库、自动分拣机等先进设备和技术，提高配送中心的自动化水平，减少人工操作，提高货物处理的准确性和效率。

第三，建立快速响应机制。根据客户需求和市场变化，灵活调整配送计划和策略，确保货物能够及时、准确地送达客户手中。同时，建立应急处理机制，对突发事件迅速做出响应，保障配送中心的稳定运营。

第四，强化供应链协同。加强与供应商和客户的沟通与协作，实现信息共享和业务联动，提高供应链的透明度和协同效率。通过协同管理，降低库存成本，提高客户满意度。

第五，拓展配送网络覆盖。完善配送网络布局，确保覆盖全国各地，包括偏远和农村地区。通过扩大配送范围和提高配送效率，满足更多客户的需求，提升电子商务的市场竞争力。

综上所述，优化配送中心并构建高效物流服务体系需要从加强信息化建设、推进自动化、建立快速响应机制、强化供应链协同以及拓展配送网络覆盖等方面入手。这些措施的实施将有助于提高电子商务物流配送体系的整体效率，为电子商务的繁荣发展奠定坚实基础。

### （四）构建支持现代物流配送的健全体制框架

为了推动现代物流配送的持续发展，构建一个健全的体制框架至关重要。这一框架能够为物流行业提供稳定的支持和动力，从而确保其高效、顺畅地运作。

第一，强化法律法规支撑。政府应加大对物流行业的法律法规制定和完善力度，为物流配送的健康发展提供坚实的法律基础。通过制定更具针对性的税收政策、贷款政策和土地政策等，为物流企业营造更加宽松和有利的发展环境。同时，加强物流市场的法律法规监管，确保市场竞争的公平性和透明性。

第二，完善交通运输基础设施。交通运输基础设施是物流配送的基石，其完善程度直接关系物流配送的效率和品质。因此，政府应加大对交通运输基础设施建设的投入，提高公路、铁路、水路、航空和管道等运输方式的通达性和效率。同时，推动多式联运、集装箱运输等先进运输方式的发展，以提高物流运输的整体效率和质量。

第三，加强市场与行业管理。为了确保物流市场的健康发展和行业的有序运行，政府应制定严格的物流市场管理和行业管理规定。通过打破地区和行业壁垒，实现物流市场的公平竞争。同时，建立物流统计和监测指标体系，对物流行业进行定期监测和分析，为政府决策提供科学依据。

第四，形成政府、企业和社会共治的良好氛围。现代物流配送的发展离不开政府、企业和社会各方的共同努力。政府应继续完善法律法规、加强基础设施建设、强化市场与行业管理，同时鼓励企业创新和技术进步，提高整个物流行业的竞争力。此外，社会各方也应积极参与物流配送的发展，共同推动现代物流业的繁荣。

总之，构建支持现代物流配送的健全体制框架需要政府、企业和社会的共同努力。只有形成这样的框架，才能确保现代物流配送的持续发展，为国民经济的繁荣作出更大的贡献。

### （五）加强物流网络体系建设，推动电子商务物流发展

为了促进电子商务物流的高效运作，需要充分利用政府推动与市场机制，加快构建全国性的物流网络体系。这一体系将物流、数字、网络技术紧密融合，以实现物流运作的数字化和智能化。

首先，应当加速物流网络平台的建设，确保实物网络和虚拟网络的完善。这些网络平台将充分发挥网络资源优势，支持在线物资贸易和配送服务的组织与监管，进而提升全国范围内的搜索、代理和服务能力，缩短物流交换和作业的时间。

其次，电子数据交换（EDI）项目的建设进程也应加快。通过建设交通通信服务专网系统，并利用数字编码、调制、时分多址等技术，实现现代化蜂窝

通信技术的集成，并与职能系统互联，构建一个功能全面、立体化的交通网络，为商品配送和电子商务作业提供坚实的运输平台。

在物流企业内部，推行敏捷化改造，特别是通过电子数据交换技术和互联网络，建立企业内部网络，实现从订货到生产再到售后服务的全程敏捷化服务。此外，还应优化电子商务的配送中心和物流中心设计，减少物流过程中的不必要环节，简化流程，提高响应速度。与此同时，还应积极与国际先进物流企业合作，与全球物流网络无缝对接。

电子商务的发展离不开物流的支撑。在全球化背景下，电子商务物流已成为企业竞争的核心和基础。随着网络技术的普及，电子商务已成为21世纪的主流业务模式，为商业领域带来了无国界、无地域的便利。电子商务物流的发展对于我国企业参与国际竞争、拉近国家间距离具有重要意义。

## 第三节　我国电子商务物流发展动向

随着我国电子商务行业的迅猛增长，电商物流也持续展现出强劲的发展势头。这种增长不仅推动了物流地产和高端仓储设施的需求，也促使电商企业为了扩大市场份额、延伸产业链及价值链，在全国范围内广泛布局，建立电商物流园区，并逐渐深入三、四线城市。随着参与主体的多样化、经营模式的创新和服务能力的显著提升，电子商务物流已成为现代物流业不可或缺的一部分，并有力推动了国民经济的增长。

在当前的经济社会环境下，我国电子商务物流正面临着诸多重大变革。这些变革从单纯追求降本增效，逐渐转向提质增效；从过去的粗放式发展，转变为注重高质量的发展；从数量上的增长，转变为绿色物流的可持续发展。这些变革表明，电子商务对物流服务质量、物流时效和物流资源共享利用的要求日益提高。同时，“懒人经济”的兴起，使得城乡物流配送“最后一公里”的需求越发旺盛。

展望未来，我国电子商务物流的发展趋势将主要体现在以下几个方面：智能化、资源共享化、绿色环保化、标准化运作、全球化布局以及农村物流网络的深入拓展。这些趋势将共同推动我国电子商务物流行业向着更高效、更绿色、更智能的方向发展。

## 一、电子商务物流迈向智能化新时代

### （一）智能物流信息传输系统融合互联网与物联网

在当今“互联网+”的浪潮下，电商物流行业正经历着前所未有的变革，新的业务模式和服务模式层出不穷。终端消费者对于服务的需求越发多样化和个性化，电商物流企业紧跟市场需求，推出了包括智能柜、物流保险、特殊物品物流和逆向物流在内的多种主动服务和定制服务。

随着供给侧结构性改革的深入，电子商务、制造业和跨境贸易等关键产业持续升级，这也促使电商物流的上下游产业环境不断优化和升级。在这样的背景下，电商物流服务的内容也面临着更高的标准和要求，仓配一体化、供应链管理等业务将加速拓展，以满足不断升级的市场需求。

特别值得一提的是，跨境贸易的发展为电商物流带来了新的增长动力。在物流配送领域，物联网技术已经率先在快递包裹的追踪与追溯上得到应用，并逐步扩展到整个物流系统的透明化管理，实现了全链路的信息互通。

在传统电商配送领域，线上与线下的信息连接也在不断深入。从最初的车货匹配信息互通，发展到与仓储系统、门店系统、品牌商的深度连接，物流作为线上交易的履约渠道，其 B to B 配送与 B to C、C to C 配送的协同性也在不断增强，共同提高了对消费者订单的响应速度和效率。

电商物流正在向智能化新时代迈进，借助互联网和物联网的融合，不断提高服务水平和效率，以满足日益增长的市场需求。

### （二）智能物流思维系统逐步走向程序化控制

电子商务物流与快递企业正在数字化道路上迅猛前进，它们直接接入电子商务平台的大数据，积极推行标准化电子面单，实现了物流配送的全程数字化，并积累了大量的智能物流数据资源。这些资源为智慧城市配送的进一步发展奠定了坚实基础。在面向门店的传统电子商务配送领域，许多领先的商贸流通企业与物流企业已经基本实现了数字化运营。而在城市配送的第三方物流领域，如云鸟配送的智慧共配、唯捷城配的天穹系统等创新型企业与模式不断涌现，它们正推动着智能城市配送模式的创新与发展。

### （三）智能物流执行系统迈向无人化与柔性自动化

电子商务物流系统的自动化发展势头强劲，许多先进的物流配送中心已经开始实现柔性自动化与无人化操作。在大型连锁零售企业中，大型物流中心已经迈入自动化阶段。然而，传统的物流配送企业则呈现出不同的发展态势，其中大部分仍停留在机械化发展阶段，许多物流作业仍依赖于人工搬运，整体发展水平存在较大差异。

实际上，物流机械化与自动化技术早已出现，并首先在先进的制造业物流领域得到应用。近年来，随着电子商务的蓬勃发展，电子商务配送领域的物流自动化发展也取得了显著进步。与传统物流自动化不同，当前的物流自动化技术装备更加注重联网与互联互通，为电子商务与物流领域的融合发展提供了有力支撑。

## 二、电子商务物流共享化趋势日益明显

### （一）智能物流引领共享物流新篇章

在电子商务的飞速发展中，共享物流作为一种新兴模式，正逐渐展现出其巨大的潜力和价值。这种共享物流模式强调跨行业、跨企业、跨竞争对手以及跨区域的全面物流资源共享，旨在通过共享物流资源，提高整个物流系统的运行效率，降低物流成本，并推动物流行业的整体变革。

智能物流作为共享物流的重要推动力，其核心作用在于使物流资源信息更加透明化。通过先进的信息技术和大数据应用，智能物流能够实时收集、分析和处理各种物流信息，包括货物的位置、数量、状态等，以及运输车辆、仓储设施、配送人员等物流资源的实时状态。这些信息的透明化使闲置的物流资源得以被有效识别和利用，为共享物流模式的实现提供了可能。

随着智能物流的深入发展，越来越多的共享物流模式被创新和应用。例如，城乡物流共同配送模式通过整合城乡之间的物流资源，实现了城乡之间的物流配送协同，提高了配送效率和降低了物流成本。共享云仓模式则通过共享仓储设施，实现了城市配送企业之间的仓储资源共享，提高了仓储资源的利用率，降低了仓储成本。智能快递柜作为共享城市末端配送设施的创新模式，为消费者提供了更加便捷、安全的快递收寄服务。物流众包模式则通过共享物流

人力资源，实现了配送任务的快速完成和人力资源的高效利用。托盘与周转箱循环共用模式则通过共享物流单元化载具，实现了上下游配送企业之间的物流资源共享，提高了物流运输的效率和降低了物流成本。

这些共享物流模式的创新和应用，不仅推动了物流行业的整体变革，也为电子商务的发展提供了有力的支持。随着智能物流技术的不断进步和应用，相信未来共享物流将会迎来更加广阔的发展前景。

### （二）智能物流引领物流前瞻性布局

在电子商务日益繁荣的当下，物流作为支撑其发展的基石，正经历着前所未有的变革。近年来，几乎所有的电子商务物流系统都在积极布局前置仓，这一创新策略的背后，是智能物流技术的深度应用与大数据的精准分析。

前置仓的核心理念在于“先行一步”，它借助先进的大数据分析和预测技术，精确计算出商品的销售趋势和消费者需求，从而建立起数字路由和数字分仓体系。在这一体系下，货物被提前运输并存储至离消费者最近的仓库中，以缩短配送距离，实现物流配送的快速响应。这种策略不仅极大地提高了物流效率，也为消费者带来了更加便捷、高效的购物体验。

前置仓的实施并非一蹴而就，它需要精准的销售预测和精细的库存管理。在这一过程中，需要整合并充分利用厂家库存、供应商库存、经销商库存、商家库存等多方面的资源，实现数据的全面共享和分布式联动控制。这种库存分布式管理控制对大数据的预测与分析能力提出了极高的要求，需要运用复杂的优化算法和运筹学原理，确保库存的合理分配和高效利用。

智能物流技术的应用，使得这一前瞻性布局成为可能。通过实时收集、处理和分析物流数据，智能物流系统能够精准预测市场趋势和消费者需求，为前置仓的布局提供科学依据。同时，智能物流系统还能够实现库存的智能化管理，通过自动化设备和人工智能技术，实现库存的自动分拣、存储和配送，进一步提高物流效率。

总之，智能物流正引领着物流行业向更加前瞻性的方向发展。前置仓作为其中的一种创新模式，不仅提高了物流效率，也为电子商务的发展注入了新的活力。

### （三）智能物流驱动即时物流革命

即时物流，作为一种点对点的物流服务形式，原本在传统物流领域就占据了一席之地。然而，在城乡物流配送的广阔天地中，即时物流的发展却异常迅猛，这背后离不开智能物流技术的强大推动。

智能物流技术的飞速进步，为即时物流带来了前所未有的变革。通过先进的算法和大数据分析，即时物流系统实现了智慧调度，使得面对海量的订单、庞大的骑手团队、错综复杂的配送路径以及客户对配送时间的严苛要求时，能够迅速而精准地做出反应。系统能够迅速定位距离消费者最近的骑手，计算出最优的配送路径，并精准计算出最佳的配送时间，以确保在承诺的时间内将货物送达客户手中。

除了提高配送效率外，即时物流还在多个方面展现出其独特的价值。首先，它能够从门店末端向上游延伸，优化门店流通服务的供应链。通过与门店的紧密合作，即时物流能够实时掌握门店的库存情况、销售数据等信息，从而更加精准地预测和满足消费者的需求，减少库存积压和浪费。

其次，即时物流能够与新零售模式无缝对接，将新零售物流配送服务延伸到消费者末端。在新零售模式下，消费者对于商品的配送速度、配送时间等要求更高，而即时物流凭借其高效、快捷的特点，能够满足这些要求，提高消费者的购物体验。

最后，即时物流能够在门店之间建立连接，实现门店与门店之间的货物调拨。通过即时物流系统，门店可以实时了解其他门店的库存情况，根据需要进行货物的调拨和补充，从而确保门店的库存充足、品种齐全，满足消费者的多样化需求。

智能物流技术的发展为即时物流带来了革命性的变革。通过智慧调度、优化供应链、对接新零售以及实现门店间的货物调拨等功能，即时物流在城乡物流配送中发挥着越来越重要的作用，推动着物流供应链体系的整体变革。

## 三、电子商务物流迈向绿色可持续发展之路

### （一）物流仓储设施拥抱绿色认证新时代

随着全球对环境保护意识的日益增强，绿色物流已经成为物流行业发展的重要趋势。在这一背景下，中国仓储与配送协会积极倡导，致力于推动绿色物流的落地实施，特别是在城乡配送仓储设施的绿色化方面取得了显著

成果。

为了促进绿色仓储设施的发展，中国仓储与配送协会积极制定了绿色仓库标准，并推动绿色仓库的认证工作。它们通过标准化手段，为绿色仓储设施的建设和运营提供了明确的方向和指导。2017年5月1日，我国商务行业标准《绿色仓库要求与评价（SB/T 11164—2016）》正式实施，这一标准的出台标志着我国绿色仓库建设进入了一个全新的阶段。

在企业的积极参与和支持下，一批先进企业如京东、苏宁、宇培、中外运、宇臻仓储、万纬仓储、万东仓储等纷纷响应绿色仓库认证号召，它们的数十座库区已经通过了绿色仓库的评估与认证，并获得了中国绿色仓库的星级认证证书。这些库区在选址、规划、设计等方面都体现了高度的科学性和前瞻性，土地利用率高，同时在节能、节水、节材等方面采取了多项有效措施，有效地节约了资源、降低了能源消耗、减少了污染排放，并显著提高了物流效率。

这些成功通过绿色仓库认证的企业不仅为行业树立了标杆，也为其他企业提供了宝贵的经验和借鉴。它们的实践表明，绿色仓储设施的建设不仅有助于提升企业的品牌形象和竞争力，还有助于促进整个物流行业的绿色可持续发展。未来，随着更多企业的加入和努力，相信我国绿色物流的发展将迎来更加美好的明天。

### （二）绿色技术装备助力电子商务物流配送

在电子商务物流配送的广阔天地中，绿色物流技术装备正发挥着越来越重要的作用。其中，新能源车辆作为最主要的绿色物流装备之一，近年来在政策的支持和市场的推动下，得到了快速发展。

为了促进新能源车辆在城乡配送领域的应用，商务部、交通运输部等部门积极出台相关政策，鼓励和支持城市优先让新能源车辆进城。这些政策的实施，为新能源车辆在城市配送中的广泛应用创造了有利条件。

除了新能源车辆外，中国仓储与配送协会还积极推动其他绿色物流技术装备的应用。他们与商务部、工业和信息化部等多个部委紧密合作，对接《企业绿色采购指南（试行）》与《中国绿色物流技术装备的推荐目录》，已经成功出台了两批《中国绿色物流技术装备的推荐目录》。

这些推荐目录的发布，为企业采购和应用绿色物流技术装备提供了明确的指导。中国仓储与配送协会通过推广这些绿色技术装备，鼓励企业积极采购和应用，从而推动物流技术装备的绿色化进程。

物流技术装备的绿色化不仅有助于降低物流过程中的能源消耗和污染排放，还能够提高物流效率和服务质量，推动了整个物流行业的绿色可持续发展。

### （三）物流包装的可持续发展进程

在电子商务迅猛发展的当下，我国快递包裹量呈现井喷式增长。权威统计数据显示，2022 年，我国快递业务量高达 1105.8 亿件，同比增长 2.7%，这一数字背后是巨大的包装需求和潜在的环保挑战。因此，推进物流包装的绿色化发展，减少环境污染，已经成为全社会共同关注的焦点。

在推动绿色包装的过程中，行业内外已达成一些基本原则的共识。首先，最直接的环保方式是实施减量包装。通过优化包装设计、减少包装材料的使用量，直接避免了不必要的包装消费和垃圾产生，这是最为绿色和直接的方式。其次，对于无法做到完全减量包装的部分，应当优先推进包装物的循环使用。目前，众多城市配送企业如京东、苏宁、菜鸟等都在积极探索循环使用包装物的有效方法，但现实中可循环使用的包装物数量仍然有限，且面临回收体系不完善、回收成本高、回收不便利等现状，这限制了循环使用包装物的全面推广。

未来，还需要在完善回收体系、提高回收效率、降低回收成本等方面持续努力，推动物流包装绿色化发展的深入进行。同时，政府、企业和社会各界也应当加强合作，共同推进绿色物流的发展，为建设美丽中国贡献力量。

## 四、电子商务物流的标准化之路

### （一）物质载体的标准化——托盘与物流周转箱的革新

在电子商务迅猛发展的今天，物流行业正经历着一场深刻的变革，其中物流标准化尤为关键。其中，“物”的标准化是首要问题。具体来说，托盘的标准化已经成为行业共识，这一变革不仅带来了物流效率的显著提高，还推动了整个物流产业链的升级。

为了促进托盘标准化的全面推广，商务部等 10 部门联合发布了《关于推广标准托盘发展单元化物流的意见》。这一政策文件的出台，为托盘标准化的发展指明了方向，也为物流行业的标准化进程注入了强大的动力。

在国家政策的推动下，越来越多的物流企业开始认识到托盘标准化的重要性。它们不再满足于传统的、非标准的托盘使用方式，而是开始自发地推动托盘标准化。这种变化不仅体现在大型物流企业的行动上，也体现在整个物流行业的态度上。

托盘标准化的巨大进展为托盘租赁企业带来了前所未有的发展机遇。以招商路凯为例，该公司积极响应政策号召，大力投入标准托盘的生产和租赁。如今，招商路凯用于租赁的标准托盘总量已经达到了千万片之巨，成了行业内的佼佼者。

与此同时，各地区的中小托盘租赁公司也如雨后春笋般涌现。这些公司立足本地市场，提供标准化托盘的租赁服务，既满足了当地企业的需求，也推动了整个物流行业的标准化进程。

除了托盘之外，标准化的物流周转箱（筐）等单元化载具也在市场中获得了广泛应用。这些标准化的载具不仅提高了物流效率，还降低了物流成本。以生鲜蔬果行业为例，许多主发零售企业通过租赁物流周转筐，大幅提高了物流效率，降低了生鲜蔬果的损耗。这不仅提高了企业的经济效益，也提升了消费者的购物体验。

对于制造企业来说，循环共用的标准化周转箱更是成了它们的得力助手。这些周转箱不仅提高了物流与供应链的效率，还降低了物流成本。通过标准化周转箱的使用，制造企业能够更好地控制库存、减少运输时间、提高生产效率，从而在激烈的市场竞争中脱颖而出。

“物”的标准化已经成为电子商务物流发展的重要趋势。通过托盘和物流周转箱的标准化改革，物流行业正向着更高效、更绿色、更智能的方向发展。

### （二）物流流程的标准化——带托运输与智能物流的协同发展

在电子商务的快速发展中，物流流程的标准化显得尤为重要。带托运输作为物流流程标准化的一个重要实践，已经获得了众多企业的广泛认可。这种以标准托盘为核心的运输方式，不仅简化了物流操作，还极大地提高了物流效率。

带托运输的普及，推动了标准托盘在供应链中的循环共用。这种循环共用的模式，使得企业能够按照托盘为单位进行订货、交货，大大减少了货物交接时的验货环节，从而促进了物流流程的顺畅互通与无缝衔接。这种无缝衔接的物流流程，不仅提高了物流效率，还降低了物流成本，为企业带来了实实在在的利益。

同时，将物流单元作为追溯单元，也是物流流程标准化的一个重要方面。通过将标准托盘作为物流信息的载体，企业可以实现对货物信息的全程追踪和追溯，从而确保货物的安全、准确、及时地送达目的地。这种追溯单元的应用，不仅提高了物流信息的透明度，还带动了物流信息的互联互通，推动了智能物流的发展。

智能物流作为物流行业的新兴趋势，通过运用物联网、大数据、云计算等先进技术，实现了对物流信息的实时监控、智能调度和优化决策。而物流流程的标准化，则为智能物流的发展提供了坚实的基础。通过标准化的物流流程，企业可以更好地利用这些先进技术，实现物流信息的快速传递和高效处理，从而推动物流行业的数字化转型和智能化升级。

物流流程的标准化是电子商务物流发展的重要方向之一。通过带托运输和物流单元的追溯单元应用，可以实现物流流程的顺畅互通与无缝衔接，推动智能物流的发展。这不仅将为企业带来更高的经济效益和社会效益，还将推动整个物流行业的持续进步和创新。

### （三）供应链的标准化——推动物流编码统一与供应链高效协同

在构建高效、协同的供应链体系过程中，供应链的标准化扮演着至关重要的角色。近年来，商务部通过实施供应链体系建设试点示范项目，致力于推动物流编码的统一与规范，以此为基础构建更加标准化、一体化的供应链体系。

在这一过程中，采用国际物品编码组织（GS1）的编码标准成了关键举措。通过给物流标准单元赋码，相当于为每一个物流单元分配了一个遵循统一规则的“身份证”。这一措施不仅解决了过去因物品编码不统一而导致的“万码奔腾”问题，也为供应链的高效协同提供了有力保障。

在统一编码的基础上，标准的物流单元成了物流信息单元、计量单元、订货单元和作业单元的核心。这一变革使供应链上下游之间的信息流、物流、资金流和商流得以高效整合，实现了“四流合一”与高效协同。这种高度标准化的供应链体系，不仅提高了物流效率，降低了成本，还增强了供应链的透明度和可追溯性，为供应链各参与方带来了显著的竞争优势。

具体而言，物流信息单元的统一编码使各环节之间的信息共享变得更加顺畅，提高了决策效率和响应速度；计量单元的统一则确保了物品在各个环节中的计量标准一致，避免了因计量差异而导致的纠纷和损失；订货单元的统一使得订单处理更加快速准确，提高了供应链的灵活性和响应能力；作业单元的统一则优化了作业流程，提高了作业效率和作业质量。

供应链的标准化是推动供应链高效协同的关键所在。通过物流编码的统一与规范，以及标准物流单元的广泛应用，可以实现供应链上下游之间的无缝衔接和高效协同，从而构建更加高效、透明、可持续的供应链体系。

## 五、电子商务物流的全球化布局与农村化拓展

随着电子商务的飞速发展，物流行业正迎来全球化的挑战与机遇。全球化的物流定位及模式使得物流企业面临着前所未有的竞争压力。共建“一带一路”倡议下的跨境电子商务物流正蓬勃发展，为参与国家的经济发展注入了新活力。根据全球化智库发布的报告，自 2010 年以来，在跨境电子商务平台成交总额前十的国家中，共建“一带一路”国家的占比高达 38%，显示了该区域在跨境电子商务领域的显著影响力。

阿里巴巴跨境电子商务大数据编制的共建“一带一路”国家跨境电子商务连接指数揭示了东欧、西亚、东盟国家与中国跨境电子商务的紧密联系。这些国家与中国在电子商务物流领域的合作日益紧密，为中国物流企业的海外拓展提供了广阔的市场空间。未来，中国作为跨境电子商务物流经验最丰富的国家之一，将积极在共建“一带一路”国家建设海外仓、物流专线等基础设施，完善当地的电子商务物流体系。同时，中国还将向这些国家输出跨境电子商务物流技术和标准，提高通关便利化水平，推动全球贸易的繁荣发展。

然而，在全球化的进程中，物流企业也面临着信息共享的挑战。许多企业拥有自身的商业秘密，使得物流企业难以获取必要的信息。因此，建立高效的信息处理系统，及时获取关键信息，成为物流企业面临的重要课题。未来的物流系统需要更加注重信息的准确性和时效性，以便能够尽快将货物送达客户手

中，提供优质的服务。

与此同时，电子商务物流的农村化、城市本地化也在快速推进。在这一过程中，快递物流行业从骨干路线的覆盖进一步拓展到支线，形成覆盖广泛的“毛细血管”网络。这种“毛细体系”的建立为农村电子商务物流领域带来了新的发展机遇。顺丰、菜鸟、京东等新时代电子商务物流快递企业正积极将其“毛细体系”铺设到农村地区，为农村居民提供与城镇居民同等的普惠商业服务。这不仅有助于提高农村地区的消费水平，还促进了城乡经济的均衡发展。

综上所述，电子商务物流的全球化布局与农村化拓展是当前物流行业发展的重要趋势。在面临全球化挑战的同时，物流企业需要积极应对信息共享等难题，不断提高服务质量。此外，农村化、城市本地化的拓展也为物流企业提供了新的发展机遇。通过不断探索和创新，电子商务物流将在全球范围内实现更加高效、便捷的发展。

## 六、电子商务物流市场迎来多元化发展新格局

在电子商务物流领域，市场正展现出前所未有的多元化发展新格局。一方面，随着外部产业的深度融合、资本市场的活跃参与，以及同行业、同区域内企业的整合，越来越多的优质资源和人才向龙头企业集中，市场集中度正稳步提高。这一趋势不仅增强了龙头企业的竞争力，也带动了整个行业的快速发展。另一方面，随着创新模式的不断涌现，如快递公共服务站、连锁商业合作、第三方服务平台等，传统的快运、物流企业也开始跨界涉足快递及电商物流领域。这些企业正朝着专业化、区域化、平台化的方向不断发展，以满足市场的多样化需求。

此外，“互联网 +”的推动和平台经济的崛起也为电子商务物流市场带来了全新的变革。碎片化的物流资源通过互联网和平台得到整合，形成了一种新的“平台 + 个人”商业模式。这种模式正在逐步探索、演化，并逐渐成为电商物流服务的重要提供者和市场参与者。这种新的服务模式不仅提高了物流效率，降低了成本，还为消费者带来了更加便捷、个性化的服务体验。

总之，电子商务物流市场正迎来多元化发展的新格局。未来，随着技术的不断进步和市场的不断变化，这一领域还将涌现出更多的创新模式和服务方式，推动整个行业的持续发展和进步。

第三章

# 电子商务及其物流运作模式研究

## 第一节　电子商务的主要模式

### 一、商业模式的定义

要深入探究电子商务的核心，不得不提及一个关键的概念——商业模式。商业模式，作为企业运作的基石，承载了企业创造价值、实现盈利的核心理念。然而，对于商业模式的定义，不同的学者和实践者往往有着不同的见解。

欧盟委员会信息社会局首席学者保罗·蒂默斯（Paul Timmers）认为商业模式是由产品流、服务流、信息流共同构建的体系框架。在这个框架下，各种参与者扮演着自己的角色，并明确规定了这些角色之间的交互方式，以及整个体系结构的收入来源和潜在利益分配。这种定义强调了商业模式中的结构性和交互性。

美国北卡罗来纳州立大学教授迈克尔·帕帕（Michael Rappa）则从另一个角度阐述了商业模式。他认为商业模式是企业开展业务、实现盈利的方法论。它不仅揭示了企业如何在价值链中找到自己的位置，还指明了企业如何通过特定的方式和策略获取利润。这种定义突出了商业模式在指导企业运营和盈利方面的作用。

具体到电子商务领域，哈佛大学商学院教授琳达·M. 阿普尔盖特（Lynda M. Applegate）给出了一个独特的见解。她认为电子商务模式是一个从制造商到生产商、分销商，最终到消费者的完整链条。这个链条上的每一个环节都承载着不同类型的产品流动，从而形成了数字业务类型和基础设施提供者两种主要的电子商务模式。这种定义揭示了电子商务模式在产品流通和价值创造中的重要作用。

麻省理工学院信息系统研究中心主任彼得·韦尔（Peter Weill）和 M.R. 维塔莱（M.R.Vitale）则进一步扩展了商业模式的定义。他认为电子商务商业模式是对企业消费者、客户、协作者和供应商之间角色和相互关系的全面描述。通过这种描述，能够清晰地看到产品、信息和资金的流动路径，以及每个参与者所能获得的主要利益。这种定义强调了商业模式在协调各方关系、促进价值共创方面的作用。

在本书中，我们给出了一个更加综合和深入的理解。我们认为商业模式是企业为了实现客户价值最大化和持续盈利的目标，通过整合内外各要素，形成独特核心竞争力和自我可复制的价值链体系和生态系统的方式。一个好的商业模式必须围绕客户、产品（服务）、关键资源和核心能力四个核心要素进行构建。对于电子商务商业模式而言，目标市场、价值主张、收入方式和技术手段则是必不可少的构成要素。这些要素共同构成了电子商务商业模式的骨架，支撑着企业的稳健发展和持续创新。

总之，商业模式是企业运作的基石和灵魂。不同的学者和实践者从不同的角度给出了不同的定义和解释。但无论如何定义，商业模式都承载着企业创造价值、实现盈利的核心理念和方法论。在电子商务领域，一个成功的商业模式必须能够清晰地描述企业与客户、合作伙伴之间的关系和互动方式，以及产品、信息和资金的流动路径。同时，它还必须具备独特的核心竞争力和自我可复制的能力，以支持企业的持续发展和创新。

## 二、商业模式的分类

电子商务商业模式的分类研究，旨在通过识别不同模式的特点。对它们进行归纳和分类，这不仅有助于人们更深入地了解电子商务的运作方式，也为电子商务模式的创新提供了理论基础和灵感来源。

### （一）学者分类视角

保罗·蒂默斯根据交互程度和价值链整合程度，将电子商务模式分为 11 类，具体见表 3-1。

表 3-1 保罗 · 蒂默斯电子商务模式分类

| 分类 | 描述 |
| --- | --- |
| 电子商店（e-Shop） | 在网上销售产品 |
| 电子采购（e-Procurement） | 在网上采购商品或服务 |
| 电子拍卖（e-Auction） | 通过电子商务方式实现传统拍卖 |
| 电子商城（e-Mall） | 众多电子商店集合在一个知名电子商城中 |
| 第三方市场（3rd Party Marketplace） | 向买方提供卖方产品目录、类似交易所 |
| 虚拟社区（Virtual Communities ） | 网上虚拟社区，通过会员费或广告获取收益 |
| 价值链服务提供商（Value Chain Service Provider） | 专注于完成价值链中特定功能，如支付或物流功能 |
| 价值链集成商（Value Chain Integrator） | 集成价值链中的多项功能 |
| 协作平台（Collaboration Platform） | 为企业间合作提供一系列工具和信息环境 |
| 信息经纪商（Information Broker） | 提供信息增值服务 |
| 信任服务商（Trust Services ） | 提供认证、公证等信任服务 |

林德和坎特雷尔根据创造利润的核心活动和在价值链中的位置，将商务模式分为 8 类，具体见表 3-2。

表 3-2 林德和坎特雷尔电子商务模式分类

| 分类 | 描述 |
| --- | --- |
| 价格模式（Price Model） | 以低价格销售商品 |
| 便利模式（Convenience Model） | 提供便利、综合的服务 |
| 商品增值模式（Commodity-Plus Model） | 提供低价可靠的商品、大规模定制商品 |
| 体验模式（Experience Model） | 提供商品或服务的体验促进销售 |
| 渠道模式（Channel Model） | 渠道最大化、增值零售商 |
| 中介模式（Intermediary Model） | 市场中介、市场整合 |
| 信任模式（Trust Model） | 提供可信任的产品、服务和业务运作 |
| 创新模式（Innovation Model） | 提供独特的产品或服务 |

彼得·韦尔和M.R.维塔莱根据原子模型，将商业模式分为8类，具体见表3-3。

表3-3　彼得·韦尔和M.R.维塔莱电子商务模式分类

| 分类 | 描述 |
|---|---|
| 内容提供者（Content Provider） | 通过中介向客户提供内容服务（信息、数字产品、服务） |
| 直接面向顾客（Direct to Customer） | 无须任何中介，直接面向顾客提供产品或服务 |
| 全程服务提供者（Full Service Provider） | 在一个领域内直接或通过协作者为顾客提供全程服务 |
| 中介（Intermediary） | 通过集中信息把“买家”和“卖家”集合起来进行交易 |
| 共享基础设施（Shared Infrastructure） | 通过共享公共的IT基础设施，把多个竞争对手联合起来进行合作 |
| 价值网集成（Value Net Integrator ） | 通过收集、合成和分配信息，协调价值网上的活动 |
| 虚拟社区（Virtual Community） | 用公共的兴趣来吸引顾客进行交互并为之提供服务，从而建立一个在网上的社区 |
| 整体企业（Whole of Enterprise） | 把一个大企业提供的各种服务进行合并，为顾客提供一个企业级的单独网站 |

迈克尔·帕帕根据企业在价值链中的位置和获利方式，将商业模式分为9类，具体见表3-4。

表3-4　迈克尔·帕帕电子商务模式分类

| 分类 | 描述 |
|---|---|
| 经纪模式（Brokerage Model） | 集中买方和卖方，促成交易，通过收取费用或佣金获得收益 |
| 广告模式（Advertising Model） | 内容提供商在提供内容的同时展示广告信息，广告收入是其 主要或唯一收入来源 |
| 信息中介模式（Intermediary Model） | 收集、处理并出售关于消费者、生产者和商品的信息 |
| 商业模式（Merchant Model） | 产品或服务的批发商/零售商 |
| 生产商模式（Manufacturer Model） | 生产商直接面向消费者 |
| 会员模式（Affiliate Model） | 在会员网站建立链接，与会员网站进行分成 |
| 社区模式（Community Model） | 社区成员提供相互交流的内容 |
| 订购模式（Subscription Model） | 用户订购服务，并定期支付费用 |
| 公用事业模式（Utility Model） | 根据用户实际的使用量向用户收费 |

## （二）业界广泛接受的分类

获得业内一致认同的分类方法是把企业和消费者作为划分标准，分别划分为企业对企业（B2B）、企业对消费者（B2C）、消费者对企业（C2B）和消费者对消费者（C2C）等模式，并随着电子商务细分发展，不断产生新的商业模式。

### 1．ABC 模式

ABC 模式，即 Agents to Business to Consumer，是一种创新的电子商务模式，它打破了传统的商业模式界限，将代理商（Agents）、商家（Business）和消费者（Consumer）紧密地连接在一起，形成了一个集生产、经营、消费于一体的综合性电子商务平台。

在这种模式下，代理商扮演着桥梁的角色，他们与商家建立合作关系，为消费者提供丰富多样的商品和服务。商家则通过代理商的推广和渠道，将产品或服务销售给更广泛的消费者群体。而消费者则可以在这个平台上享受到更多选择、更高质量、更便捷的购物体验。

ABC 模式的独特之处在于其强大的整合能力和灵活性。通过代理商的参与，商家可以更加精准地把握市场需求，提高生产效率和产品质量；而消费者则可以通过代理商获得更加个性化和专业的购物建议，享受到更加贴心的服务。此外，ABC 模式还促进了商家与消费者之间的直接沟通，增强了双方之间的信任感和忠诚度。

### 2．B2B 模式

B2B 模式，即 Business-to-Business，是专注于企业间电子商务交易的一种模式。在这种模式下，企业（商家）之间通过互联网平台进行产品、服务和信息的交流、协商及交易。简单来说，当两家或多家企业需要进行商业合作时，它们可以利用 B2B 平台来发布各自的需求、产品或者服务，寻找合适的合作伙伴，并通过该平台完成订单确认、支付结算、票据传递以及配送安排等整个交易流程。

B2B 模式的核心价值在于通过互联网技术，打破了地域和时间的限制，提高了企业之间的沟通效率，降低了交易成本，也为供应链管理和业务流程优化提供了有力的支持。无论是制造业、批发业还是服务业，B2B 模式都为企业间的合作提供了更加便捷、高效和安全的解决方案。

3．B2C 模式

B2C 模式，即 Business to Customer，是中国电子商务领域最先兴起的模式之一，它专注于企业与消费者之间的直接交易。这种模式以网络零售为核心，通过互联网平台为消费者提供丰富多样的商品和服务。

从服务内容和交易对象的角度来看，B2C 电子商务模式可以细分为两大类，即第三方 B2C 电子商务平台和自营 B2C 电子商务平台。

第三方 B2C 电子商务平台由专业的平台服务提供商运营，他们负责构建功能完善的电子商务平台，并提供营销和运营支持，以吸引众多企业入驻。企业入驻后，可以利用这些平台直接向消费者提供网络零售服务，企业无须自行建设和管理电商平台。

自营 B2C 电子商务平台则是由企业自己建设和管理的电子商务平台，企业作为交易主体，直接向消费者提供网络零售服务。随着市场竞争的加剧和开放平台策略的推广，越来越多的自营 B2C 电子商务企业开始整合其 IT 系统和供应链资源，并向外部开放，允许其他商户甚至竞争对手在自己的平台上销售商品，以获取额外的佣金收益。

如今，第三方 B2C 电子商务平台和自营 B2C 电子商务平台之间的界限已经越来越模糊。随着技术的不断进步和市场的不断变化，这两种模式也在不断地融合和创新，为消费者提供更加便捷、多样化的购物体验。

4．C2C 模式

C2C 模式，即 Consumer to Consumer，是电子商务领域中一种独特的交易模式，它侧重于消费者之间的直接交易。C2C 模式通过搭建一个在线交易平台，让买家和卖家能够直接联系、协商并完成交易。这种模式下，消费者不仅可以作为买家在平台上浏览和购买其他消费者出售的商品，还可以作为卖家在平台上发布自己的商品进行出售。

C2C 商务平台提供了一个公平、透明、便捷的在线交易环境，让买家和卖家能够自由地进行商品展示、价格协商和交易达成。卖家可以自主定价，通过拍卖或一口价的方式出售自己的商品，而买家则可以根据自己的需求和预算进行选择和购买。

C2C 模式的核心价值在于它打破了传统零售模式的限制，为消费者提供了更加多样化、个性化的购物选择。同时，C2C 模式也促进了资源的再利用和循环，让闲置物品得到了更好的利用。通过 C2C 平台，消费者可以轻松实现二手物品的买卖，减少浪费，同时也为环境保护做出了贡献。

### 5. B2M 模式

B2M 模式，即 Business to Manager，是一种与 B2B、B2C、C2C 等传统电子商务模式相区别的全新商业模式。B2M 模式的核心特点在于其目标客户群体的独特性。与 B2B、B2C、C2C 模式主要面向最终消费者进行商品或服务交易不同，B2M 模式主要针对的是企业内部的经理、销售人员或合作伙伴等中间环节的人群。

在这种模式下，企业不仅仅是在线销售商品或服务给最终消费者，更是通过电子商务平台，为那些负责销售、推广或管理这些商品或服务的中间人群提供支持、资源和信息。这种模式的目的是通过优化中间环节的效率，提高产品的市场渗透力和销售业绩。

简单来说，B2M 模式不是直接面向消费者进行交易，而是聚焦于与那些在企业价值链中扮演重要角色的中间人群建立联系，帮助他们更好地履行自己的职责，从而提高整个企业的运营效率和盈利能力。这种模式在供应链管理、分销渠道优化、市场推广等方面具有广泛的应用前景。

### 6. B2G（B2A）模式

B2G（B2A）模式是指企业与政府之间的电子商务模式。在这种模式下，企业可以直接与政府管理部门进行电子交易和信息交流，如参与政府采购、完成海关报税等流程。B2G 模式通过电子商务平台，实现了企业与政府之间的无缝对接，提高了交易的效率和透明度。同时，这种模式也有助于政府更好地管理和监督企业的行为，确保交易的合规性和公正性。

B2G 模式使得企业与政府之间的交流和交易更加便捷、高效，有助于推动政府管理的现代化和电子商务的发展。

### 7. M2C 模式

M2C 模式（Manager to Consumer）是 B2M（Business to Manager）电子商务模式的一种衍生或延伸。在 B2M 模式中，企业利用网络平台向职业经理人展示其产品或服务，职业经理人则根据这些信息为企业寻找销售机会或提供服务。而在 M2C 模式中，这些职业经理人或管理者（Managers）将直接与消费者（Consumers）互动，通过自身的专业知识和经验，为消费者提供更精准、更个性化的产品推荐和服务。

M2C 模式使得职业经理人或管理者成了企业与消费者之间的桥梁，他们不仅能够帮助企业更好地了解市场需求和消费者偏好，还能为消费者提供更专业、更贴心的购物建议和服务。这种模式进一步促进了电子商务的个性化发展，提高了交易的效率和满意度。

8. O2O 模式

O2O 模式（Online to Offline）是一种创新的电子商务模式，它将线下实体商业与互联网紧密结合，使线上平台成为线下交易的强大引擎。在这种模式下，消费者可以通过互联网浏览和选择各种线下服务，如餐饮、娱乐、购物等，并享受在线支付、预约、评价等便利功能。而线下商家则可以通过线上平台吸引更多的顾客，提升品牌知名度，优化服务流程，实现更高的交易效率和更广泛的客户覆盖。

O2O 模式的核心优势在于其线上线下的双向互动和无缝对接。消费者在线上筛选服务、完成支付后，可以直接到线下享受服务，而商家则可以通过线上平台实时监控交易情况，优化营销策略，提高服务质量。此外，O2O 模式还具有推广效果可查、每笔交易可跟踪的特点，使得商家能够更精准地评估市场反应，制定更有效的商业策略。

9. C2B 模式

C2B（Customer-to-Business）是电子商务模式的一种，即消费者对企业（Customer to Business）。最先由美国流行起来的消费者对企业（C2B）模式也许是一个值得关注的尝试。C2B 模式的核心，是通过聚合分散分布但数量庞大的用户形成一个强大的采购集团，以此来改变 B2C 模式中用户一对一出价的弱势地位，使之享受到以大批发商的价格买单件商品的利益。

10. B2B2C 模式

B2B2C 模式（Business to Business to Customers）是一种创新的电子商务模式，它结合了 B2B（Business to Business）和 B2C（Business to Consumers）的特点，构建了一个完整的供应链生态系统。在这个模式中，第一个 B 代表广义的供应商，他们可能是成品、半成品或原材料的提供商，甚至包括个人卖家。第二个 B 则代表一个交易平台，这个平台不仅连接了供应商和消费者（C），还提供了各种增值服务和支持，以确保交易的顺利进行。

B2B2C 模式的核心价值在于，通过整合供应链资源，在供应商和消费者之间建立了一个高效、便捷的交易桥梁。这个平台通过提供全方位的服务，如商品展示、价格协商、支付结算、物流配送等，大大降低了交易的成本和复杂性，使得双方都能够从中获益。

此外，B2B2C 模式通过数据分析和市场洞察，还可以为供应商提供更精准的市场信息和消费者需求，帮助他们更好地制定生产和销售策略。同时，消费者也能够在这个平台上享受到更多样化、个性化的购物体验。

**11．团购模式**

团购，又称为 Group Buying，是电子商务领域中的一种新兴模式，也被称为 B2T（Business to Team）。它是继 B2B、B2C、C2C 等模式之后，又一种为消费者提供独特购物体验的方式。团购的实质是一种集体采购行为，消费者通过组建或加入一个团队，共同向商家进行采购，以获取更优惠的价格和更好的服务。

随着互联网的普及，团购已经成为越来越多消费者的首选购物方式。通过网络平台，互不相识的消费者可以迅速聚集起来，利用集体的力量增强与商家的议价能力，从而享受到更低的价格和更高的性价比。网络团购不仅为消费者带来了实惠，还让他们体验到了集体行动的乐趣和成就感。

## 三、电子商务生态系统

电子商务生态系统的概念是由 James E. Moore 在其著作《竞争的消亡：商业生态系统时代的领导与战略》（*The death of Competition*：*Leadershipand Strategy in the Age of Business Ecosystem*）中提出的，它借鉴了自然界生态系统的理念。在这个类比中，商业环境被视为一个复杂的系统，其中不同的商家、企业如同生物种群，它们相互依存、相互制约，共同创造了一个共生共荣的商业环境。

电子商务生态系统强调多样性和共生性，这些原则是推动整个经济体系发展的关键因素。就像自然界中的生物一样，不同的商家和企业以各自的生存和发展为其他参与者提供所需的资源和条件，共同存在于一个相互依赖的网络中。

在这个生态系统中，每个参与者都扮演着重要的角色，通过相互合作和竞争，共同推动整个系统的优化和增长。这种共生共荣的生态环境不仅有利于个体商家的成长，也有助于整个国民经济乃至全球经济的繁荣和可持续发展。

### （一）电子商务生态系统的构成

如图 3-1 所示的电子商务生态系统，是商业生态系统的一个组成部分。

它由多个相互依赖的电子商务核心企业、金融服务提供商、物流服务提供商、政府机构等组成。这些组织通过互联网平台建立联盟或进行虚拟合作，共享资源，发挥各自的优势，共同形成一个协调一致的系统。在这个生态系统中，每个"物种"成员都有其特定的角色和职责，相互连接，形成一个完整的价值网络。在这个网络中，信息、资金和物资等在组织之间流动和循环，共同构建了一个多维度、多要素、多层次的复杂商业生态系统。电子商务生态系统中的"物种"成员，也就是参与的企业，是构成这个生态系统的关键要素。企业的分类可以划分为如下几类。

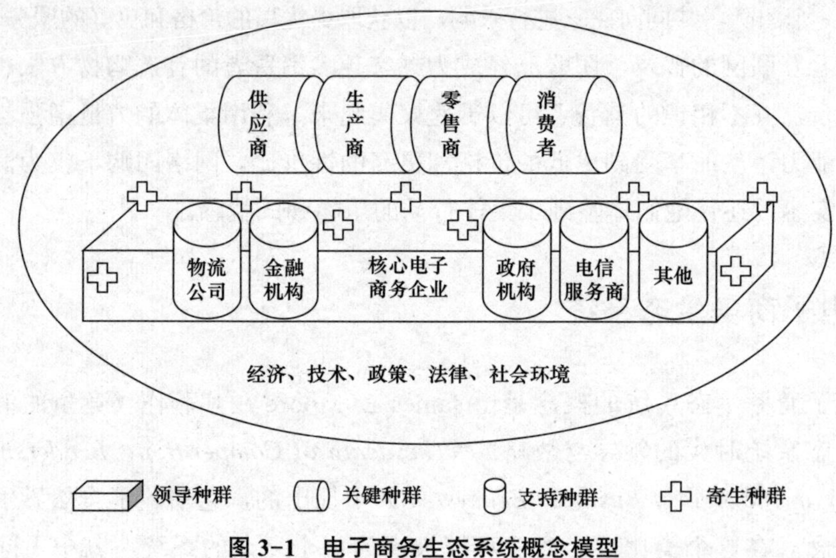


图 3-1　电子商务生态系统概念模型

**1．领导种群**

领导种群，也就是核心电子商务企业，是生态系统的领航者。它们通过建立和维护电子商务平台，提供交易监管和保障服务，如阿里巴巴的支付宝，为生态系统内的其他成员提供关键的支付和担保服务。这些企业不仅是资源的整合者，还是生态系统内部各成员间协调与合作的桥梁。

**2．关键种群**

关键种群是电子商务生态系统中的交易主体，涵盖消费者、零售商、生产商和专业供应商等。他们是生态系统服务的主要对象，也是推动整个电子商务市场繁荣的核心力量。

**3．支持种群**

支持种群是电子商务交易不可或缺的后盾，包括物流公司、金融机构、电信服务商以及政府机构等。尽管它们并不完全依赖于电子商务生态系统而生存，但通过与生态系统的紧密合作，它们能够获取更多的发展机会和利益。这些组织为电子商务交易提供了必要的支持和服务，确保了交易的顺畅进行。

4. 寄生种群

寄生种群是那些为电子商务交易提供增值服务的提供商，如网络营销服务商、技术外包商和电子商务咨询服务商等。它们依赖于电子商务生态系统而生存，为生态系统中的其他成员提供额外的服务，共同推动整个生态系统的发展。

随着电子商务产业的不断发展，内生和外生因素共同推动着生态系统内“物种”的丰富化和循环的完善化。这种生态共建、共生的模式不仅促进了各成员之间的紧密合作，也为整个生态系统创造了更多的价值，实现了价值的共享和共同进化。

### （二）电子商务生态系统的成长周期

电子商务生态系统的演化路径，分为开拓、拓展、协调、进化四个阶段，如图 3-2 所示。第一阶段，有特殊生存力的新商业生态系统逐渐诞生并初具规模；第二阶段，商业生态系统通过抓住可利用的元素及相关产品和服务，吸收新增加的顾客和风险承担者，扩充其范围和消费资源；第三阶段，随着商业共同体结构和协议变得稳定，共同体内部争夺领导权和利润日趋激烈，角色和资源在领导阶段会进行再定位和再分配；第四阶段，为了避免商业生态系统被新系统所替代，逐渐走向衰退和死亡，系统开始持续更新。

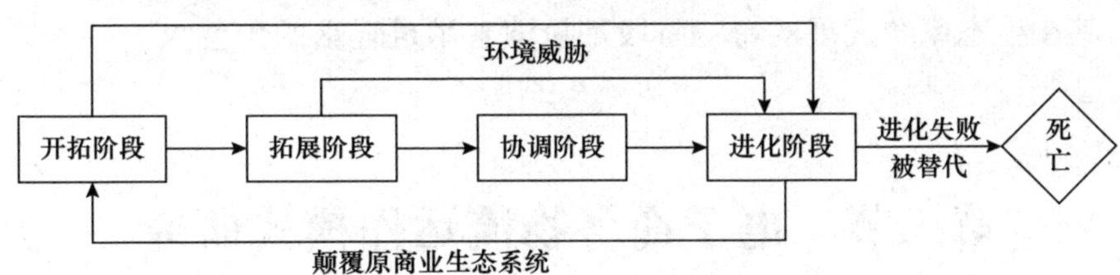


图 3-2 电子商务生态系统演化过程

1. 开拓阶段

在这一阶段，核心电子商务企业以某一特定市场为目标，凭借创新的商业模式或增值服务吸引首批参与者，共同构建出一个新兴的电子商务生态系统。只有那些具备强大生命力的生态系统能够在这一阶段存活下来并逐渐壮大。例如，唯品会以其独特的品牌特卖模式在这一阶段崭露头角。

**2．拓展阶段**

随着核心企业的成长、关键种群的扩大以及支持种群力量的增强，整个生态系统规模不断扩大，寄生种群也逐渐崭露头角。在这一阶段，以不同领导种群为核心的同类型生态系统之间开始展开激烈的竞争，竞争格局逐渐明朗化。例如，快的打车和滴滴打车之间的竞争，就是通过大量补贴迅速占领市场，重塑了传统叫车行业的格局。

**3．协调阶段**

随着系统物种的快速增长，各成员间的利益关系变得日益复杂，尤其是关键种群和寄生种群之间的利益争夺和冲突越发明显。为了维护生态系统的健康发展，领导种群需要适时调整和完善系统规则。例如，阿里巴巴通过建立完善的商家信用体系和交易规则，有效遏制了系统内的不正当竞争，确保了系统的稳定运行。

**4．进化阶段**

当生态系统面临来自新模式、政策变化等外部环境的巨大挑战时，系统不得不进入进化阶段，通过颠覆性的变革来适应新的环境，并可能转型为一个全新的电子商务生态系统。例如，苏宁易购在京东、天猫等综合性电商平台的竞争压力下，不得不转型为以 O2O 为核心的综合性电子商务平台。值得注意的是，由于电子商务产业的快速变化和高风险性，生态系统在开拓、拓展和协调阶段都可能因外部环境突变而直接进入进化阶段。了解生态系统所处的阶段对于成员预测潜在变化并采取相应行动至关重要，特别是对于核心电子商务企业而言，其在生态系统发展的每一阶段都扮演着举足轻重的角色。

## 第二节　电子商务物流运作模式研究

### 一、自营物流

在电子商务领域，物流作为交易链条中的关键一环，特别是与顾客直接接触的“最后一公里”，其重要性不言而喻。为了更紧密地控制交易流程，确保服务质量和效率，部分电子商务企业选择了自建物流体系，实施自营物流策略。

## （一）自营物流认知

自营物流本质上是企业基于自身的业务需求和资源条件，自主构建并管理物流系统的一种模式。这种模式的优势在于，物流部门作为企业内部的一个组成部分，可以与其他部门紧密协作，更好地服务于企业的整体运营，从而实现更高效的生产经营和更优质的服务提供。

自营物流模式下，企业可以确保货物供应的准确性和及时性，提高对客户的服务质量，这对于维护企业与顾客之间的长期关系至关重要。此外，拥有自营物流的电子商务企业可以根据客户需求和分布情况，建立覆盖广泛的配送中心网络，组建专业的运输车队和配送团队，确保货物从供应商、制造商到配送中心，再到最终客户手中的整个流程都能得到高效、准确的管理。

自营物流为电子商务企业提供了一个全面掌控物流环节、提高服务质量和效率的解决方案，图 3–3 展示了电子商务自营物流模式的基本框架。

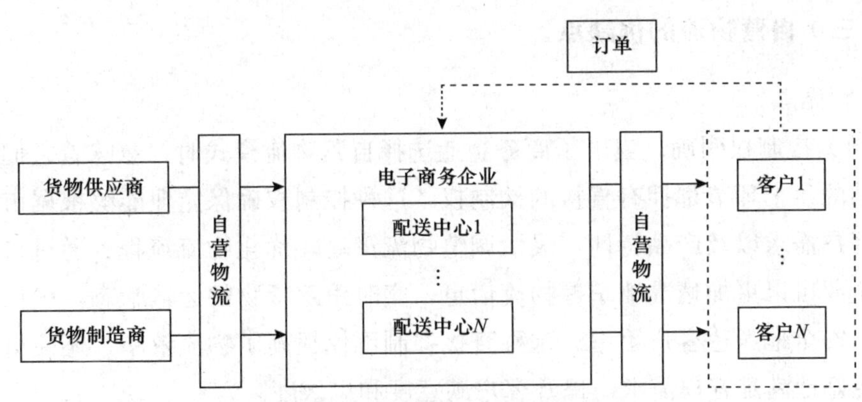


图 3–3 电子商务自营物流模式

## （二）自营物流模式的电商企业分类

采取自营物流模式的电商企业主要有以下两大类型。

第一大类为资金实力雄厚且业务规模较大的电子商务企业。它们将目光瞄准了企业的长远发展，并决定投入巨额资金来自主构建和完善物流配送体系。通过对企业内部的物流运作进行精细化的计划、组织、协调和控制，这些企业致力于为客户提供更加优质、高效的服务，从而不断提升客户体验。典型的代表企业包括京东和亚马逊，它们凭借自营物流模式，在激烈的市场竞争中占据了重要位置。

第二大类为传统的大型制造企业或流通企业经营的电子商务网站。这些企业在长期的传统商务运营中已经建立了较为完善的营销网络和物流配送体系。当它们进军电子商务领域时，只需对现有的物流体系进行必要的改进和优化，就能够满足电子商务对物流配送的特殊要求。海尔和苏宁易购是这一类型的代表企业，它们利用自身在传统领域的优势，结合电子商务的特点，打造出独具特色的自营物流模式。

值得注意的是，在电子商务刚刚兴起的时候，由于国内第三方物流的服务水平相对滞后，无法满足电商企业的需求，同时初创电商企业的规模相对较小，因此很多企业选择了自营物流模式。其中，京东商城（京东早期名称）和一号店（后被京东收购，更名为1号会员店，成为京东旗下的会员制购物平台）是这一时期的代表企业。它们通过自营物流模式，有效解决了物流瓶颈问题，为企业的快速发展奠定了坚实基础。

### （三）自营物流的优缺点

#### 1. 优点

（1）控制权明确。当电子商务企业选择自营物流模式时，意味着它们对物流活动的每个环节都拥有直接的控制权。这种控制权确保企业能够根据市场变化、客户需求以及产品特性，灵活调整物流策略，优化物流流程。通过自营物流，企业可以更加精准地掌握物流信息，实时跟踪货物的运输状态，确保货物按时、安全地送达客户手中。这种直接控制不仅提高了物流效率，还使得企业能够更好地满足客户需求，提升客户满意度和忠诚度。

（2）交易成本降低。与第三方物流提供商合作，企业往往需要支付高昂的谈判、签约、管理以及可能的纠纷解决成本。而自营物流模式则能够有效避免这些额外支出。企业可以自行设计和管理物流系统，减少与第三方之间的沟通和协调成本。同时，自营物流通过优化库存管理，减少库存积压和资金占用，还能够降低库存成本，进一步提高企业的经济效益。

（3）保护商业秘密。在第三方物流模式下，企业的物流数据和运营信息可能会泄露给外部第三方，给企业的商业秘密和核心竞争力带来潜在威胁。而自营物流模式下，企业可以完全掌握自己的物流数据和运营信息，避免了信息泄露的风险。这有助于保护企业的商业秘密和核心竞争力，确保企业在激烈的市场竞争中保持优势地位。

（4）品牌价值提升。自营物流模式为电子商务企业提供了展示其专业性和可靠性的机会。通过提供优质的物流服务，企业能够树立更加专业、可靠的品牌形象。这种品牌形象不仅有助于吸引新客户，还能够增强老客户的忠诚度。在竞争激烈的电子商务市场中，品牌形象对于企业的长期发展至关重要。自营物流模式通过提升服务质量，为企业提升了品牌价值。

（5）增加利润来源。通过优化物流流程、降低物流成本、提高物流效率，企业可以进一步降低成本，提高盈利能力。此外，企业还可以通过提供增值物流服务，如定制化配送、代收货款等，增加收入来源。这些增值服务不仅能够满足客户的多样化需求，还能够为企业带来更多的利润。

**2．缺点**

自营物流虽然具有很多优势且为采取其模式的大型电子商务企业带来了很多有形和无形效益，但是，电子商务企业自营物流必须投入大量的资金、组建高效的物流管理团队且有规模较大的业务支撑才能顺利运转。

（1）高额投资。自营物流需要投入大量资金用于基础设施建设、设备购置和技术研发等方面。

（2）团队组建难度。组建一个高效、专业的物流管理团队需要时间和资源，且对团队成员的专业素养要求较高。

（3）业务规模依赖。自营物流的运作依赖于较大的业务规模，如果业务量的不足可能导致物流资源的浪费和成本上升。

（4）运营风险。自营物流涉及多个环节和复杂的操作流程，任何一个环节的失误都可能影响整个物流系统的稳定性和效率。

（5）管理复杂性。自营物流的管理相对复杂，需要处理各种物流信息和数据，还需要与其他部门和合作伙伴进行紧密协调。

## 二、第三方物流

在电子商务的运营过程中，许多企业发现自建物流体系并开展自营物流并非易事，特别是对于那些规模较小或物流服务非核心竞争力的企业。在这种情况下，它们往往选择将物流服务外包给专业的物流服务企业，这就是所谓的第三方物流模式。这一模式遵循“让专业的人做专业和擅长的事”的原则，使电子商务企业能够专注于其核心业务。

## （一）第三方物流认知

第三方物流，简称 3PL，是社会分工细化与专业化的产物。它源于管理学中的“外包”概念，即企业利用外部资源来支持其内部运营。当这种外包理念应用于物流管理领域时，就催生了第三方物流的概念。

对于第三方物流的定义，不同学者有不同的解读。有些学者将其描述为“企业将原本由自己承担的物流功能转交给外部公司完成，这些功能可以是物流活动的全部或部分”。也有学者强调第三方物流的复杂性和多功能性，以及其与物流服务供需双方之间的长期合作关系。

在《物流术语》中，第三方物流被定义为：“独立于物流服务供需双方之外，以物流服务为主营业务的组织提供的物流服务模式。”这种物流模式体现了物流服务的专业化和独立性。

从角色定位上看，第三方物流是相对于物流服务的需求方（如电子商务企业）和供应方（如供应商）而言的。它通过与这两方的合作（如签订合同或协议），提供专业化、系列化、个性化和信息化的物流代理服务。这些服务以合同或协议为约束，因此也被称为合约物流。

对于电子商务企业而言，采用第三方物流模式意味着它们可以将复杂的物流服务交由专业的物流公司处理。这样，企业可以更加专注于自身的核心业务，如商品的生产和销售，从而提高整体运营效率。当电子商务企业收到消费者订单时，它们可以迅速将物流服务外包给第三方物流公司，确保货物以最快的速度送达客户手中。这种物流模式如图 3-4 所示，展示了电子商务企业与第三方物流公司之间的紧密合作关系。

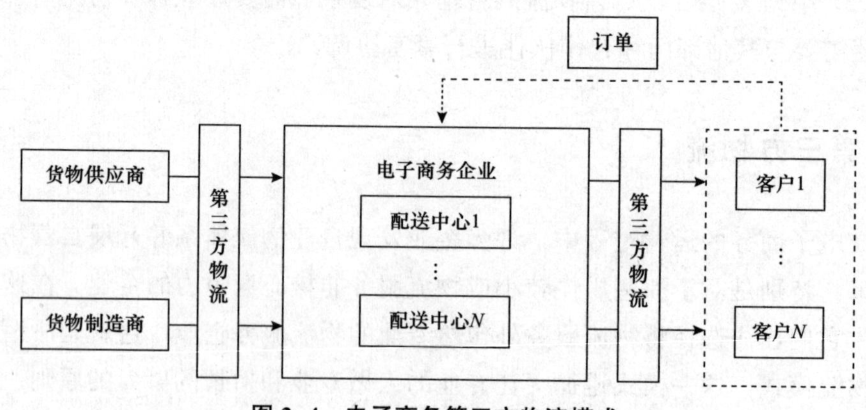


图 3-4　电子商务第三方物流模式

## （二）第三方物流的分类

**1．按第三方物流企业的起源和构成进行分类。**

（1）转型型第三方物流企业。这些企业原本主要从事仓储、运输或货代等传统物流服务，随着市场的发展和需求的变化，它们逐渐转型为提供全方位第三方物流服务的公司。目前，这类企业在市场上占据主导地位，并拥有较大的市场份额。

（2）剥离型第三方物流企业。这类企业原本作为工商企业内部的物流服务部门，负责管理和运营企业的物流网络。随着企业战略的调整，这些物流服务部门被剥离出来，成为独立的第三方物流企业。这些企业通常拥有丰富的物流经验和资源，能够为客户提供专业的物流服务。

（3）联营型第三方物流企业。这类企业是由不同企业或部门之间通过物流资源的互补性合作而成立的。它们通过共享资源、优化物流网络等方式，共同为客户提供高效的物流服务。这种合作方式能够充分发挥各方优势，提高物流效率。

（4）新兴第三方物流公司。近年来，随着我国经济的快速发展，出现了大量新创立的第三方物流公司。这些公司通常具有先进的经营理念和技术手段，能够为客户提供灵活、高效的物流服务。它们多为民营企业或中外合资公司，具有较大的发展潜力。

**2．按第三方物流企业物流服务功能的主要特征分类**

按第三方物流企业提供的物流服务功能的主要特征，可以将它们分为以下三类。

（1）运输导向型物流企业。这类企业以货物运输服务为核心业务，不仅提供基本的运输服务，还涵盖一系列相关的物流服务活动。它们通常拥有一定的运输规模和实力，能够为客户提供高效、可靠的运输解决方案。

（2）仓储导向型物流企业。这些企业专注于提供区域性的仓储服务，并以此为基础扩展其他物流服务。它们拥有现代化的仓储设施和专业的仓储管理团队，能够满足客户对货物存储、管理和配送的需求。

（3）综合服务型物流企业。综合服务型物流企业具备广泛的物流服务功能，能够为客户提供一站式的物流解决方案。它们不仅提供运输、仓储等基本服务，还根据客户的具体需求，提供包括供应链管理、物流规划、信息咨询等在内的全方位物流服务。这些企业通常拥有强大的资源整合能力和创新能力，能够满足客户对物流服务的高品质要求。

**3. 按第三方物流企业资源占有程度分类**

（1）资产密集型第三方物流公司。这类公司拥有自己庞大的物流资产，包括运输车辆、仓储设施等。它们利用这些资产为不同行业的客户提供标准化的运输或仓储服务。资产密集型第三方物流公司往往基于仓储或运输服务，具有显著的实体运营能力和资源优势。

（2）轻资产型第三方物流公司。这类公司则是一种专注于物流管理的服务提供商。它们可能没有大量自有的运输和仓储设施设备，而是通过租赁或合作伙伴关系获得这些资源。这类公司依靠专业的物流管理团队、网络知识和先进的管理系统，专注于提供高效、灵活的第三方物流服务，以满足客户多样化的物流需求。

## （三）第三方物流的优缺点

**1. 优点**

第三方物流给企业或客户带来了众多益处，主要表现在四个方面。

（1）核心业务聚焦。通过将物流业务外包给专业的第三方物流公司，电子商务企业能够释放出原本投入在物流领域的大量人力、物力和财力，使这些资源得到更合理的配置。这样，企业就能够将更多的精力集中在核心业务上，深入研究和开发相关技术，从而不断提高自身的市场竞争力和行业地位。

（2）成本优化与资金流动。第三方物流提供者凭借其规模优势和成本优势，能够为企业提供更经济、高效的物流服务。通过提高物流各个环节的利用率，降低运营成本，企业能够从费用结构中分离出更多的资金，减少资本积压，增强资金流动性，进一步促进企业的健康发展。

（3）库存管理优化。第三方物流提供者具备专业的物流规划和实时运输能力，能够根据企业的实际需求，制订精确的物流计划，最大限度地降低库存水平。这不仅可以减少企业的库存成本，还能有效改善企业的现金流状况，为企业创造更多的经济价值。

（4）品牌塑造与信誉提升。第三方物流提供者与企业之间建立了战略合作伙伴关系，他们以客户为中心，通过全球性的信息网络使企业的供应链管理更加透明化。这种紧密的合作关系使得企业能够随时了解供应链的状况，及时应对各种挑战。同时，第三方物流提供者作为物流领域的专家，他们凭借丰富的经验和专业的技能，能够为企业提供优质的物流服务，帮助企业提升客户满意度，树立良好的品牌形象和信誉。

2. 缺点

与自营物流相比，第三方物流在为企业提供诸多便利的同时，确实也存在一些潜在的不足和不利因素。

（1）物流过程控制力减弱。选择第三方物流模式意味着企业需要将部分或全部的物流活动交由外部合作伙伴来执行。这种安排使得企业难以对物流活动的全过程进行实时监控和控制，从而增加了物流过程中的不确定性和风险。例如，企业可能无法直接掌控货物的运输过程，难以确保货物的送达时间和效率，在某些对时间要求极为敏感的行业中，第三方物流凸显了这一弱点。

（2）客户关系维护的间接性。在第三方物流模式下，货物的配送和客户服务往往由第三方物流公司直接负责，而非企业本身。这种情况下，企业与客户之间的直接联系被削弱，可能导致企业难以直接掌握客户的反馈和需求，进而影响到客户关系的维护。特别是当第三方物流公司在“最后一公里”的配送服务中出现问题时，如配送延迟、服务态度不佳等，将直接影响客户的购物体验和满意度，从而对企业形象和客户忠诚度产生不利影响。

## 三、物流联盟

物流联盟可以被视为一种介于独立企业运作与市场自由交易之间的独特组织形式。这种联盟是基于企业间特定发展需求而建立的，表现为一种相对稳固且长期的契约合作关系。

### （一）物流联盟认知

物流联盟实际上是一种企业战略联盟，其合作基础是物流服务。它指的是两个或多个企业之间，为达成各自的物流战略目标，通过签订各类协议和契约，形成的优势互补、风险共担、利益共享的松散型网络组织。这种联盟旨在通过企业间的相互信任、利益共享，形成物流合作伙伴关系，实现物流方面的优势互补和资源共享。

物流联盟的形成，不仅是企业间在物流领域通过契约建立的一种中间组织，也是企业为了有效利用市场和组织优势而进行的一种组织创新。在现代物流管理中，是否选择组建物流联盟，已成为企业物流战略决策的重要一环。

值得注意的是，物流联盟有狭义和广义之分。狭义的物流联盟特指非物流企业之间的联盟关系；而广义的物流联盟则涵盖整个物流外包业务，包括第三方物流、狭义的物流联盟以及第四方物流。在本节的讨论中，我们主要聚焦于狭义的物流联盟概念。

## （二）物流联盟的组建方式

企业间物流联盟的组建方式多种多样，企业间物流联盟主要有以下几种组建方式。

**1. 纵向一体化物流联盟**

纵向一体化物流联盟，也被称作垂直一体化联盟，它建立在供应链一体化管理的基础之上。这种联盟形式涵盖了从原材料采购、产品生产、销售到售后服务的整个供应链流程，形成了一条紧密的合作关系链。垂直一体化联盟的目标是为客户提供最大的价值，同时也追求联盟整体利润的最大化。

然而，这种联盟形式也面临一定的挑战。由于供应链上的各个环节往往难以同时实现利益最大化，这可能导致一些企业在合作过程中感到不满，从而降低了他们的积极性。这种不满情绪可能使这些企业考虑退出联盟，因此，纵向一体化物流联盟的稳定性往往受到一定的影响。

**2. 横向一体化物流联盟**

横向一体化物流联盟，也被称为水平一体化联盟，由多个处于同一物流业务层级的物流企业共同组建。这种联盟形式涵盖了第三方物流等企业，旨在通过资源整合和集约化运作来降低成本、提高效率。

通过横向一体化物流联盟，原本分散的物流活动能够实现规模经济，从而降低成本。此外，联盟成员间的合作还能减少社会上的重复劳动，提高整体物流效率。

然而，横向一体化物流联盟也面临一些挑战。首先，为了发挥整合和集约化的优势，需要有大量的商业企业加入联盟，并确保有大量的商品存在。这要求联盟成员之间要有高度的合作意愿和协调能力。其次，商品的配送方式需要实现集成化和标准化，这是一个复杂且需要长期努力的过程。因此，在组建横向一体化物流联盟时，需要充分考虑这些因素，确保联盟的顺利运作和长期发展。

**3. 混合模式物流联盟**

混合模式物流联盟是由一家核心物流企业牵头，联合一家或多家在物流业务中处于平行位置的物流企业，以及处于供应链上下游的中小物流企业共同组成的联盟形式。这些企业通过签订联盟契约，形成了一种紧密的合作关系，共同进行采购、配送等物流活动，从而构筑起一个高效、有序的物流市场。

在混合模式物流联盟中，成员企业之间建立了相互信任、共担风险、共享收益的伙伴关系。它们通过各自的核心竞争力，在物流资源的整合上进行优势互补，实现了运作效率的提高。尽管物流联盟在国内外的发展时间并不长，但其强大的生命力和显著的效益已经得到了广泛的认可。

从国内外物流联盟的形成特点和运作方式来看，这种联盟模式不仅有助于企业间实现资源共享和优势互补，还能够促进物流行业的整体发展。通过混合模式物流联盟，使企业能够更好地应对市场变化，提高物流服务的水平和效率，从而增强自身的竞争力。

#### 4．以项目为管理联盟模式

项目导向型物流联盟模式是以特定物流项目为核心，由多个物流企业共同参与并协作组成的临时性联盟。这种联盟形式的运作范围仅限于特定的项目，因此成员企业之间的合作范围相对有限，所展现的优势也可能不太显著。

在项目导向型物流联盟中，各成员企业根据项目需求进行资源整合和协调，共同完成项目目标。这种模式使得物流企业能够针对特定项目快速形成合作，但合作关系通常随着项目的结束而解散。尽管其优势可能不如其他长期稳定的联盟模式明显，但在处理特定项目时，仍能够发挥出一定的协同效应。

#### 5．基于 Web 的动态供应链联盟

在快速变化的市场经济环境中，为了维持和增强市场竞争力，供应链需要成为一个高度动态和灵活的网络结构。这种结构能够迅速适应市场的各种变化，包括需求波动、柔性生产、快速响应、技术创新和知识更新等。在这样的背景下，无法及时适应供应链需求的企业可能会被淘汰，而外部的优秀企业则有机会被选入供应链中。

基于 Web 的动态供应链联盟就是这样一个能够快速重构的动态组织。它通过互联网技术实现成员企业之间的信息共享和实时协作，确保供应链的高效运转。然而，由于市场环境的不确定性和成员企业间的短期合作性质，这种联盟方式往往缺乏长期稳定性。尽管如此，它在应对市场变化和提高企业竞争力方面仍然具有显著优势。

### （三）物流联盟的优缺点

1．优点

（1）加速全球市场布局。物流联盟为大型企业提供了快速拓展全球市场的途径。通过联盟合作，企业能够顺利完成全球物流配送，进而在全球范围内拓展其业务。对于许多试图进军全球市场但面临渠道、投资和风险挑战的企业来说，与已拥有市场渠道的公司合作并结成联盟，是突破市场开拓瓶颈的有效方式。

（2）优化服务水平。物流联盟对于第三方物流公司而言，有助于弥补其业务范围内服务能力的不足。例如，当一家物流公司发现自己在特定领域（如航空运输）存在明显短板时，可以选择与在该领域具有优势的公司建立联盟，将其作为第三方物流提供商，从而优化整体服务水平。

（3）降低交易成本。物流联盟的建立显著降低了合作伙伴之间的相关交易费用。由于联盟成员间经常沟通与合作，搜寻交易对象信息的成本大幅降低；通过相互信任与承诺，降低了履约风险；长期稳定的物流契约减少了服务过程中可能产生的冲突，进一步降低了交易成本。

（4）增强风险抵御能力。单一企业在面对市场风险时往往显得势单力薄，而物流联盟则通过企业间的协同合作，有效分散和降低了风险。联盟成员在不同领域分别行动，减少了失败的可能性；在面临突发风险时，联盟成员能够共同分担，从而提高了整体的风险抵御能力。

2．缺点

（1）合作稳定性易受挑战。物流联盟包含多个企业成员，任何一家企业的退出都可能对其他成员企业的决策产生连锁反应，进而影响整个联盟的稳定性。这种不确定性使得联盟的长期合作和稳定发展面临挑战。

（2）管理复杂性与成本上升。物流联盟中，各个成员企业在合作前往往拥有各自独立的物流运作标准、单证格式等。一旦组成联盟，就需要统一这些标准和格式，这不仅会增加成员企业的成本，也会带来管理上的复杂性。此外，物流联盟的商品配送方式要实现集成化和标准化也是一个复杂且耗时的过程，进一步增加了联盟的管理难度和成本。

## 四、第四方物流的崛起

随着电子商务的迅猛发展，第三方物流在提供物流服务时逐渐显露出其局限性，特别是在对企业物流系统的决策规划和整体供应链整合方面。为了应对这一挑战，一个更为先进、能够提供战略决策和全面整合的物流系统——第四方物流（Fourth Party Logistics，FPL 或 4PL）应运而生。

## （一）第四方物流的定义与理解

第四方物流的概念最初由知名的管理咨询公司埃森哲公司（Accenture，原名安盛咨询公司）提出，并将其注册为专有服务商标。第四方物流被定义为：一个供应链集成商，它调集、管理和组织自身以及具有互补性的服务提供商的资源、能力和技术，以提供全面的供应链解决方案。

第四方物流不仅限于管理和控制特定的物流服务，更重要的是，它对整个物流过程进行规划，并通过电子商务手段将这些程序集成在一起。因此，第四方物流的服务提供方式非常多样化，并且具有很高的灵活性。

第四方物流的核心在于为客户提供最优质的增值服务，包括迅速、高效、低成本和个性化服务等。要实现这一目标，第四方物流需要平衡第三方物流的能力、技术以及贸易流畅管理等多个方面，并保持自身的运营自主性。

## （二）第四方物流的特点

与第三方物流专注于日常物流操作不同，第四方物流将视野投向了整条供应链的物流活动。这种差异赋予了第四方物流独特的魅力，主要体现在以下两个方面。

### 1．提供全面集成的供应链解决方案

第四方物流（4PL）是一种集成物流服务模式，它融合了物流管理的专业知识和第三方物流（3PL）的操作技能。这种综合能力使第四方物流能够高效地减少物流操作的日常开支。通过与行业内领先的 3PL 供应商、信息技术服务商和管理咨询机构建立紧密的合作伙伴关系，第四方物流能够为顾客提供定制化的供应链管理方案。这些方案的复杂性和综合性意味着它们超越了任何单一服务提供者的能力范围，需要依赖联盟内所有合作伙伴的协作和共同努力来实现。

第四方物流提供的供应链解决方案不局限于单一的服务层面，而是包括了执行、实施、变革以及再造等多个层面，构建了一个全面且分层次的解决体系，如图 3-5 所示。这种多层次的方法确保了供应链管理的各个方面都能得到周到的考虑和优化。

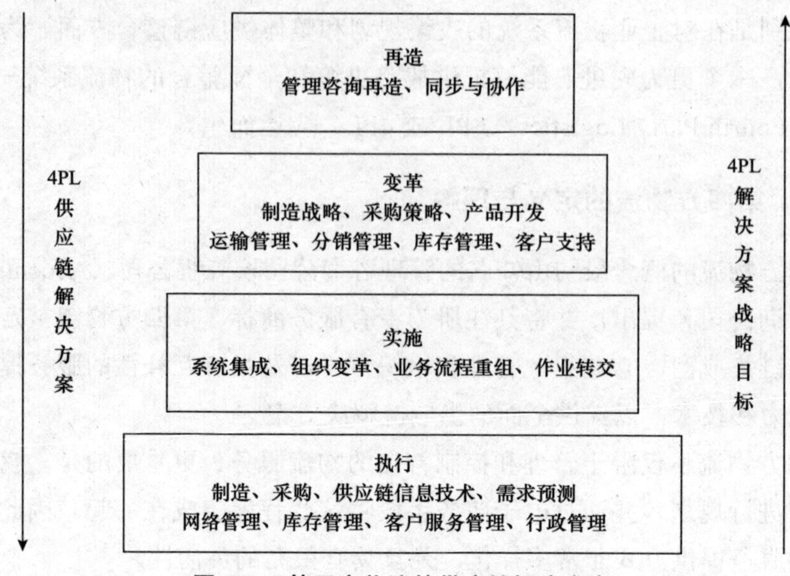


图 3-5　第四方物流的供应链解决方案

（1）执行。执行主要是指由第四方物流负责具体的多个供应链职能和流程的正常运作。第四方物流承接多个供应链职能和流程的运作，其工作范围远远超过了传统的第三方物流的运输管理和仓库管理的运作，具体包括制造、采购、供应链信息技术、需求预测、网络管理、库存管理、客户服务管理和行政管理等职能。

（2）实施。第四方物流的实施包括系统集成、组织变革、业务流程重组和作业转交等。一个第四方物流服务商可以帮助客户实施新的业务方案，包括业务流程的优化、客户公司和服务供应商的系统集成。在这种模式下，客户通常可以将具体业务的运作转交给第四方物流的项目运作小组。在项目实施的过程中，要重视组织的变革，因为“人”的因素往往是第四方物流管理具体业务时成败的关键，所以一定要避免优秀方案实施时因为人的因素而失败。最大的目标就是避免把一个设计得非常好的策略和流程实施得非常无效，因而限制了方案的有效性，影响了项目的预期效果。

（3）变革。变革是指通过新技术实现各个供应链职能的加强。变革主要是改善供应链某一具体环节的职能，包括制造战略、采购策略、产品开发、运输管理、分销管理、库存管理和客户支持等。在这一层次上，供应链技术对方案的成败变得至关重要，高明的供应链技术，加上先进的战略思维、流程再造和卓越的组织变革管理，共同组成第四方物流的最佳方案，对供应链进行整合和改善。

（4）再造。供应链过程的协作和供应链过程的再设计，这是第四方物流的最高境界。供应链流程的真正改善要通过供应链中各个参与企业的通力协作，将各个环节的计划和运作协调一致来实现。再造过程就是基于传统的供应链管理咨询技巧，使得公司的业务策略和供应链策略力调一致；供应链管理技术在这一过程中又起到了催化剂的作用，整合和优化了供应链内部和与之交叉的供应链的运行。

2．能够通过其对整个供应链产生影响的能力来提升价值

第四方物流服务供应商的核心竞争力在于其对整个供应链的影响力，这种影响力能够显著提升供应链的价值。他们通过深入分析和重新设计物流运作流程，优化供应链的各个环节，使得整个物流系统更加高效、合理。这种优化不仅提升了物流效率，而且能够将产生的利益在供应链的各个环节间进行合理分配，确保每个环节的企业客户都能从中受益。

然而，如果第四方物流服务供应商仅仅停留在提出解决方案的层面，而没有能力控制这些物流运作环节，那么他们所具备的价值创造潜力将无法得到充分释放。因此，一个成功的第四方物流服务供应商不仅需要有强大的人才、资金和技术支持，更重要的是具备与一系列服务供应商建立紧密合作关系的能力。这种能力使得他们能够更好地掌控供应链的关键环节，从而确保整个供应链的高效运作和价值最大化。

### （三）第四方物流的运作模式

目前，第四方物流的运作模式主要包括以下三种。

1．协同增效模式（“1+1>2”）

第四方物流与第三方物流携手并进，共同开拓市场。在这一模式中，第四方物流不仅提供技术、供应链策略优化技巧、市场拓展能力以及项目管理专长等给第三方物流，还常常直接参与到第三方物流的日常运营中。双方的关系可能基于商业合同或战略联盟，共同实现资源互补，达到“1+1>2”的协同效应。

2．综合方案提供商

第四方物流作为综合方案提供商，致力于为客户提供覆盖整个供应链的运作和管理方案。它整合了自身与第三方物流的资源、能力和技术，为客户提供一个全面、集成的供应链解决方案。此外，第四方物流还能集成多个服务供应商以及客户自身的能力，确保方案的顺利实施和高效运作。

3．行业引领者

第四方物流在多个行业中扮演着引领者的角色，开发和提供创新的供应链解决方案。它以供应链的整合和同步为核心，通过卓越的运作策略、先进技术以及高效的供应链运作实施，推动整个行业的效率提高。这些行业解决方案旨在实现整个行业的利益最大化，为行业发展注入新的活力。

无论采用哪种模式，第四方物流都突破了第三方物流的局限性，实现了低成本、高效率与实时运作的完美结合。通过整合各种资源，第四方物流能够为客户提供最佳物流服务，形成最优的供应链管理方案。这使得它能够在更广泛的范围内实现资源的有效配置和利用，为客户创造更大的价值。

### （四）第四方物流的优缺点

1．优点

（1）成本优化。第四方物流凭借其广泛的物流网络及先进的信息技术，能够有效整合和协调物流活动中的各个环节和参与方，解决潜在的利益冲突，进而帮助企业实现物流整体运作成本的持续降低。

（2）运营效率提高。第四方物流通过优化库存管理，提高库存周转率，并改善客户的库存管理水平。同时，它还能通过提高物流设备的使用效率或进行资产重组，来加快固定资产的周转率。此外，采用先进的物流管理系统，不仅能提高物流工作单的执行质量，还能增加客户满意度，加速客户付款过程，从而加快应收账款的周转率，提高资金的利用效率。

（3）提升物流服务品质。第四方物流凭借其专业的供应链物流管理能力和高素质的物流人才，能够制定出以客户为中心的快速、优质、经济的物流服务方案，从而显著提高物流服务质量。这种高品质的物流服务不仅有助于企业在市场竞争中脱颖而出，还有助于树立和巩固企业与品牌的形象，建立长期稳定的战略合作伙伴关系，对企业长远的战略发展具有至关重要的意义。

（4）增强企业核心竞争力。企业的核心竞争力是其在市场竞争中保持持久优势的关键。借助第四方物流，企业能够更合理地配置资源，专注于其核心业务，将更多精力投入主业拓展中，从而显著提升企业的核心竞争力，并为企业的长期发展提供源源不断的动力。

2．缺点

（1）依赖性强，独立生存能力有限。与第三方物流相比，第四方物流在独立生存能力上显得较弱。因为它不再直接控制物流的各个环节和特殊职能，而是更多地依赖于第三方物流的实际运作来实现其理念。如果第四方物流在选择合作伙伴时带有偏好而非追求最有效性，可能会导致潜在的低效率或更高的成本。

（2）对高水平管理能力要求高。第四方物流不仅需要管理自身的运作，还需管理好第三方物流提供商的各项活动，其中包括战略性和营运性因素。因此，它对管理能力的要求极高，以确保供应链的整体运作高效和顺畅。

（3）对协调能力要求高。在第四方物流的运作中，协调能力是一个不可忽视的要素。它要求供应链中的各个合作成员通过信息共享、计划协同和业务共同化等机制，积极为合作方创造利益。因此，第四方物流必须拥有出色的协调能力，以确保供应链各成员之间的顺畅合作和高效运作。

## 第三节　电子商务物流模式比较分析及选择

在电子商务的蓬勃发展中，物流模式的选择成为企业战略布局的关键一步。这不仅关乎企业的成长速度，更直接影响其市场竞争力和盈利能力。因此，电子商务企业在选择物流模式前，必须对多种模式进行详尽的比较和分析，以做出科学明智的决策。

### 一、电子商务物流模式比较分析

当前，电子商务领域的物流模式主要包括自营物流、第三方物流、物流联盟和第四方物流等。其中，第三方物流、物流联盟和第四方物流均可视为物流的外包策略，但三者之间的合作程度和性质有所不同。在外包过程中，企业间的合作可能是一次性的交易关系，也可能是基于长期合同的合作关系，抑或是形成深度战略联盟的共享系统。

特别值得一提的是，第四方物流是在第三方物流和物流联盟的基础上发展而来的新型物流模式。它不仅融合了前两者的特点，还通过更高层次的资源整合和策略规划，为企业提供更加全面、专业的物流服务。各模式的比较分析具体见表 3-5。

表 3-5 电子商务物流模式比较分析

| 项目 | 自营物流 | 第三方物流 | 物流联盟 | 第四方物流 |
|---|---|---|---|---|
| 控制能力 | 较强 | 较弱 | 一般 | 一般 |
| 物流成本投入 | 前期投入大 | 投入低 | 投入较低 | 投入较低 |
| 服务对象 | 电商企业自身 | 没有限制 | 联盟组建企业 | 没有限制 |
| 覆盖范围 | 有区位优势但范围较小 | 广 | 广 | 广 |
| 选择风险性 | 高 | 较低 | 较高 | 较高 |
| 服务水平 | 可以不断提高，提供高水平服务 | 由合作的第三方物流服务水平而定，通常较低 | 共同协商讨论 | 服务水平较高，可提供最接近客户要求的服务 |

## 二、电子商务物流模式的选择策略

电子商务企业在决定其物流策略时，必须深思熟虑，因为物流模式的选择直接关系到企业的竞争力和长期发展。以下是一些关键的考虑因素，帮助电商企业做出明智的物流模式选择。

### （一）物流对电商企业成功的影响度与企业自身的管理能力

物流在电商企业运营中扮演着至关重要的角色。如果物流对电商企业的成功至关重要，且企业本身具备较强的物流运作能力，那么自营物流可能是最佳的选择。这有助于企业更好地掌控物流流程，提高客户满意度。然而，如果物流对电商企业成功的影响度较低，且企业的物流管理能力有限，那么选择第三方物流模式或组建物流联盟可能更为合适。

### （二）物流是否为电商企业的核心业务

在供应链管理中，企业通常会将非核心业务外包给专业公司，以便集中资源发展核心业务。对于电商企业而言，如果物流不是其核心业务，那么将物流业务外包给专业的第三方物流公司或参与物流联盟可能更为明智。这样，企业可以专注于其核心业务，如电商平台运营和营销推广，并确保物流服务的专业性和高效性。

### （三）电商企业产品的物流特性

不同产品具有不同的物流需求。例如，大宗工业品原料和鲜活产品需要专业的物流服务来确保运输的及时性和安全性。跨境电商企业则需要地区性的专业第三方物流企业提供支持。对于经营产品单一的电商企业，自营物流可能更为合适。此外，对于技术性强的物流服务，如保税物流服务、海外仓等，电商企业可以选择与专业的物流服务提供商合作，以确保物流服务的专业性和可靠性。

### （四）电商企业的规模和实力

企业规模和实力是选择物流模式的重要考虑因素。大中型电商企业由于具备较为雄厚的实力，通常有能力建立自己的物流系统，以满足其庞大的物流需求。这类企业还可以利用过剩的物流网络资源为外部客户提供物流服务，实现资源共享和效益最大化。然而，对于中小电商企业而言，受人员、资金和管理资源的限制，自营物流可能并非最佳选择。此时，将物流管理交给专业的第三方物流代理公司可能更为合适，以便企业能够集中资源发展其核心业务。

### （五）物流系统总成本

在选择物流模式时，必须充分考虑物流系统的总成本。自营物流和第三方物流在成本上各有优劣势。例如，自营物流可能需要投入大量资金建设物流设施和设备，但长期来看可能有助于降低物流成本。而第三方物流则可能带来一定的外包费用，但能够为企业提供专业的物流服务，降低企业的运营风险。因此，在选择和设计物流模式时，要对物流系统的总成本进行论证和比较，选择成本效益最优的物流模式。

### （六）第三方物流的客户服务能力

除了考虑物流成本外，电商企业在选择物流模式时还应关注第三方物流的客户服务能力。第三方物流在满足电商企业对客户不断变化的需求的反应能力方面起着至关重要的作用。一个优秀的第三方物流公司不仅能够提供高效的物流服务，还能够根据电商企业的需求提供个性化的解决方案，帮助电商企业提升客户满意度和忠诚度。因此，在选择第三方物流公司时，要充分考虑其客户服务能力和专业水平。

第四章

# 电子商务物流系统的管理研究

## 第一节 采购管理

### 一、采购与采购管理

采购，是指企业从供应商那里获取商品或服务的一种交易行为。在企业运营中，所需的物资主要是通过采购来获取，采购标志着企业物流管理的起始点。

一个标准的采购流程通常包含以下关键步骤。

**（一）任务接受与采购单制定**

采购任务可能来源于企业的不同部门，这些部门将需求报至采购部门，随后采购部门向各采购员分配具体任务。此外，采购部门也可能根据企业的生产和销售状况，主动规划物资采购并分配任务。

**（二）采购计划策划**

在接到任务后，采购员需制订详尽的采购计划。这包括对所需资源的市场调研，分析商品、价格及潜在供应商，并选定合适的供应商。同时，还要决定采购策略、时间表、运输方式和支付条款等。

**（三）与供应商建立联系**

采购员会通过多种方式，如出差会面、电话或电子邮件，与选定的供应商取得联系。

### （四）商务谈判与合同签订

此步骤是采购活动的核心。涉及与供应商就价格、质量、交货期、服务条款及风险承担等进行多轮磋商，最终达成一致后，以订货合同的形式加以确认。

### （五）货物运输与监控

合同签订后，进入履约阶段，包括安排货物运输。无论是由供应商负责，还是委托专业运输公司，抑或是自行提货，采购员都需对运输过程进行监督，以确保按时交货。

### （六）验货与入库

货物到达后，采购员须监督相关人员对货物进行数量和质量上的检验，并确保货物正确入库。

### （七）货款结算

根据合同条款，在货物验收无误后，进行货款支付。

### （八）后续处理与评估

采购完成后，进行采购活动的直接评估，并处理未解决的问题。

## 二、采购管理的内容

### （一）供应商管理

通过采用供应商投标竞价等方法选择供应商，并建立供应商信息资料库，以便进行后期的供应商关系维护。必要时，还可以进行供应商培训等活动。

### （二）采购最佳批量与采购时期的管理

根据历史消耗情况，建立模型，用最佳经济批量计算求得采购量。同时，考虑实际情况进行修改后，在合理的提前期进行采购，以保证原料的及时供应并控制冗余。

### （三）采购价格管理

对不同供应商，采取招标竞价的方法确定合理价格；对长期供应商，可采取批量采购打折的方法确定价格；建立价格数据库，及时更新；对公司有剩余能力可生产的原材料，与相关生产部门共同决定是外购还是自制。

### （四）付款时间管理

合理利用供应商的赊销期及相关现金折扣，与财务部门共同确定付款时间，按期付款。这样可以保证采购管理的有效性和准确性。

## 三、现代采购管理与传统采购管理的差异

现代采购管理相较于传统采购管理，在多个维度上展现出显著的差异性，见表 4–1。

**表 4–1　现代采购管理与传统采购管理的差异**

| | 传统采购管理 | 现代采购管理 |
|---|---|---|
| 买卖关系 | 相互对立 | 合作伙伴 |
| 合作关系 | 可变的 | 长期的 |
| 合同期限 | 短 | 长 |
| 进货数量 | 大批量 | 小批量 |
| 运输策略 | 单一品种整车发送 | 多品种整车发送 |
| 质量问题 | 检验或再检验 | 无须入库检验 |
| 与供应商的信息沟通 | 采购订单 | 口头发布 |
| 信息沟通频率 | 离散的 | 连续的 |
| 对库存的认识 | 资产 | 负资产 |
| 供应商数量 | 多，越多越好 | 少，甚至一个 |

续表

| | 传统采购管理 | 现代采购管理 |
|---|---|---|
| 设计流程 | 先设计产品后询价 | 供应商参与产品设计 |
| 库存 | 大量 | 少量 |
| 交货安排 | 每月 | 每周或每天 |
| 供应商地理分布 | 很广的区域 | 尽可能靠近 |
| 仓库 | 大，自动化 | 小，灵活 |

（1）传统采购模式下，采购方与供应商之间的关系往往被看作对立的两方；而现代采购理念倡导建立一种合作共生的伙伴关系，强调双方的协同与共赢。

（2）以往的采购策略倾向于拥有广泛的供应商基础，认为数量上的优势能带来竞争和选择的灵活性；现代采购则更重视精简供应链，通过与少数关键供应商建立深度合作，追求长期稳定性和质量保障。

（3）传统采购遵循固定的交付时间表，可能不完全贴合实际需求；现代采购实现了即时制供货，确保物料供应与生产需求的紧密同步，提高了效率并降低了库存成本。

（4）在产品设计初期，传统采购流程中供应商的角色较为被动，通常在设计完成后才介入报价；现代采购则鼓励供应商早期介入产品设计阶段，充分利用其专业见解和技术优势，实现产品创新与成本优化的双赢。

（5）传统采购模式的信息交流不够频繁，导致库存水平较高以应对不确定性；现代采购利用先进的信息技术实现了信息的实时共享，使得供需双方能够快速响应市场变化，有效降低了库存持有成本，提高了供应链的敏捷性。

## 第二节　仓储管理

仓储管理涵盖商品和物品在仓库中的存储和保管的全过程。具体来说，“仓”是指用于存放、保管和储存物品的设施或场地，可以是建筑、洞穴、大型容器或特定场地等，其功能是保护和存放物品。而“储”则是指储存和储备，意味着将物品收集并保存以备后用，涵盖了收集、保管和使用交付的功能。

## 一、仓储的认知

仓储是一个集中展示工厂物资流动情况的综合场所，连接了生产、供应和销售环节，对于推动生产流程和提高效率起到了关键的辅助角色。它也是产品生产和流通过程中因订单前置或市场预测而产生的暂时性存放环节。同时，围绕仓储实体活动，还有清晰准确的报表、单据账目以及会计部门核算的准确信息等活动进行，因此，仓储实际上是物流、信息流和单证流的结合体。

传统的仓储活动主要是利用仓库对各类物资及其相关设施设备进行入库、储存和出库的操作。现代的仓储活动则是在传统的基础上增加了库内加工、分拣、包装等环节。无论是传统的仓储，还是现代的仓储，都是生产和商品流通的重要环节，也是物流活动中不可或缺的一环。

## 二、电子商务仓库

电子商务仓库在商品流通链中扮演关键角色，多服务于中转或直接面向零售，跨境场景下还会用到保税仓库以符合海关监管要求。伴随信息化、自动化以及智能化科技的融入，电商仓库正经历着深刻的转型升级，力图更好地适应电子商务的快速发展。

### （一）自动化立体仓库

自动化立体仓库作为当前技术前沿的代表，通过高度集成的设计极大地提升了仓库空间利用率、存取效率与操作便利性。这一系统的核心构成包括：高密度的立体货架结构、能够在货架巷道间自如穿梭以执行存取任务的堆垛机、进出货物的工作平台，以及自动化导引的装卸系统。此外，结合计算机控制与条形码识别技术的管理系统，确保了整个仓储作业的智能化调控。

更详尽来说，自动化立体仓库是一个高度复合的技术体系，它不仅涵盖立体存储的货架单元、有轨巷道堆垛机械，还包括出入库的托盘传送装置、尺寸与条码检测系统、综合通信网络、自动化控制组件、计算机监控及管理系统。辅以必要的基础设施如电缆桥架、配电柜、标准化托盘、调节平台和钢构平台等，所有这些元素在先进的物流理念指引下，依托顶尖的控制技术、数据总线通信和信息技术的支撑，协同作用，共同完成精准高效的入库与出库作业。

**1. 自动化立体仓库的特征**

（1）这类仓库通常具有较高的高度，一般超过 5 米，有的甚至高达 40 米。常见的自动化立体仓库的高度则在 7 米至 25 米。

（2）由于其高度特性，自动化立体仓库必然采用机械化方式进行操作。当货架高度超过 5 米时，人工操作变得困难，因此必须依赖机械设备来完成货物的进出作业。在自动化立体仓库中，采用了当前技术水平较为先进的自动化系统。

（3）自动化立体仓库内部配备了多层货架。这些货架层次分明，高度较高，因而自动化立体仓库也被称作高层货架仓库。

**2. 自动化立体仓库的分类**

（1）按建筑形式。

1）整体式。货架既存物也作为建筑支撑，通常高度超过 12 米，具有结构轻巧、整体抗震性好的特点。

2）分离式。货架独立于建筑内，高度多在 12 米以下，但也有高达 15 ～ 20 米的，适合在原有建筑或厂房内设置。

（2）按货物存取方式。

1）单元货架式。货物先放入托盘或集装箱，再存入货架。

2）移动货架式。电动货架可在轨道上移动，通过控制装置进行合拢和分离，提高空间利用率。

3）拣选货架式。核心为分拣机构，分为巷道内外两种拣选方式。

（3）按货架构造。

1）单元货格式。类似单元货架式，巷道约占总面积的 1/3。

2）贯通式。货架合并，形成通道，提高空间利用率，分为重力和穿梭小车两种类型。

3）水平旋转式。货架可在水平面内环形运行，适合小件物品拣选，空间利用率高，适合低频作业场合。

4）垂直旋转式。类似水平旋转式，但旋转面垂直，特别适合存放长卷状货物。

## （二）云仓库

电子商务的蓬勃发展促使物流效率成为关键竞争点，其中，仓运配一体化协同和扁平化供应链构建尤为重要，尤其是在提升前后端用户体验方面。云仓库技术，借助云计算和先进管理模式，通过整合仓储功能，在线提供交易、交割、融资、支付及结算等一站式服务，有效解决了这一挑战。

### 1. 云仓库与传统仓储的区别

（1）仓储品类与客户需求。传统仓储主要服务于少量且重复下单的门店或经销商，商品种类单一，以大批量出入库为主。相反，云仓库面对广泛且难以预测的终端消费者，需处理多品种、小批量订单，对拣选和复核作业的精确度要求极高，并且要灵活应对电商促销带来的订单量剧烈波动。

（2）管理和运营要求。传统仓储关注点集中在库内安全与库存控制，而云仓库在此基础上，更加强调作业效率和精细化管理。例如，京东通过云仓库系统，能在接单后迅速从最近仓库发货，10 分钟内完成拣货至待出库，这种高效准确的流程极大地提升了顾客满意度。

（3）技术和装备应用。针对小批量高频次发货特性，云仓库引入了自动化流水线、自动封箱机、拣货机器人等高科技硬件，以及先进的仓库、订单和运输管理系统软件，与传统依赖人工和简单机械操作形成鲜明对比。拣货策略上，云仓库采用自动化工具应对复杂多样的小量订单，同时注重商品个性化包装，以满足不同运输需求，这是传统仓储所缺失的功能。

### 2. 云仓体系搭建

第一阶段：

(1)构建云仓企业联盟，为中小企业解决自建仓库的资金和时间成本问题。

（2）搭建云仓管理平台，统筹管理联盟内所有仓库，提供信息化支持，并与各种系统对接。

第二阶段：

（1）通过云仓管理平台提高了仓库的运营质量和管理水平。

（2）仓库需遵循云仓管理系统的指示，系统会基于操作数据进行分析，为仓库提供指导和帮助。

（3）运营不佳的仓库在整改无效后将被联盟剔除。

利用云计算分析各类数据，优化库存管理。

第三阶段：

（1）根据云商需求进行市场调研，分析仓库企业优势。

（2）制订全国仓库扩张计划，完善云仓布局。

（3）云仓分为四级，从大型仓库到社区便利店，实现全面覆盖。

云仓的基本构成如图 4-1 所示。其中，全国分仓和中央系统构成了云仓的主要部分，客户和供应商之间通过计算机系统进行沟通，并通过智能匹配进行分仓和完成物流的配送。

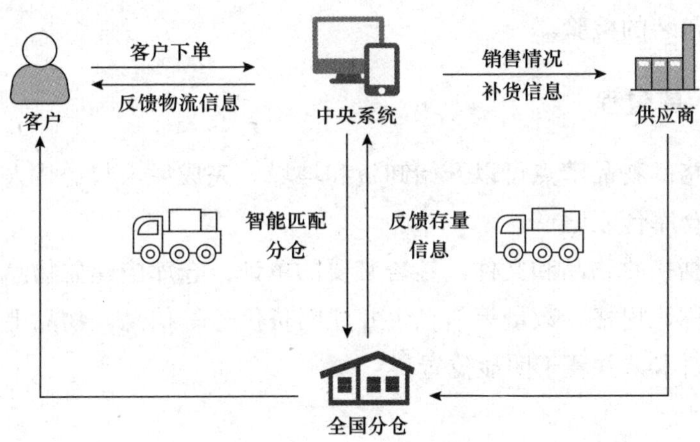


图 4-1　云仓的基本构成

## 三、电子商务物品入库管理

物品的入库管理涉及根据入库凭证进行物品的卸载、核对、验收以及办理入库手续等一系列计划和组织活动。目标是确保入库物品的数量准确无误，质量达到要求，包装完好，手续明确，并迅速入库。

### （一）入库前准备

依据仓储合同和通知单，准备工作包括：熟悉即将入库的货物，了解库场情况，制订仓储计划，安排货位，准备作业工具，设定装卸搬运流程，以及准备相关文件和单证。

### （二）货物接收

（1）提货方式。可从车站或码头提货，到货主单位提取，接受托运单位送货至库，或通过铁路专用线接运。

（2）仓库收货。货物到达后，工作人员须检查入库凭证，并与实际送达的货物实物和标记进行核对。

### （三）物品验收

验收需及时、准确、严格、经济。程序包括准备、核对凭证、确定验收比例、实物检验及出具验收报告等。全面检查物资性能、特点和数量，完成数量、质量和包装的检验。

### （四）入库过程

检查合格的物品清点可以开始卸货和堆垛。完成后，与送货人办理交接手续，并建立仓库台账记录。

交接包括接收物品和文件，签署必要的单证。仓库应建立物品明细账，记录物品的名称、规格、数量等信息，并注明货位号等信息。物品上架后，将相关信息填入料卡，并置于明显位置。

## 四、电子商务物品保管与养护

电子商务物品保管涉及库存商品的维护与管理活动，涵盖堆放排列、定期检验、保养维护、安全保障及统计记录等多个层面，旨在确保库存数量精确、品质优良。作为仓库管理的核心，该过程强调责任制，实施专岗专人，并严格出入库流程，通过科学分类与货位编码提高存储、检索及核查效率。

针对各类物资特性，保管策略各有侧重，如区分贵重与普通、大件与小微、固态与液态、有毒与无害、大量与少量，采取差异化保管措施，确保安全、有序存放。保管实践中，遵循“预防为主，防治结合”方针，维持仓库环境整洁，符合各项安全及物理保护标准（如防冻、防腐、防潮、防火）。

物资保管技巧需依据物品特性定制，旨在减缓或消除不利因素影响，全面满足质量、数量与安全标准。具体措施包括：①依据物资特性和仓库条件分配存储区域，合理布局库房、货场位置；②根据需要进行物资堆垛、覆盖或密封处理，选择合适的保护材料，确保作业安全有效；③执行定期物资检查与保养程序，核对技术文档与库存记录，确保信息准确无误，按规范维护商品状态；④强化安全管理，制定全面安全规划，配置防护设施，监督安全规定的执行，以保护库存物资免受损失。

## 五、电子商务物品出库管理

### （一）物品出库的基本要求

电子商务物品必须根据客户订单出库。仓库不得擅自挪用或外借库存商品。出库需遵循“三不三核五检查”原则：未接单据不翻账、未经审单不备货、未经复核不出库；发货时要核实凭证、核对账卡、核对实物；检查单据和实物的品名、规格、包装、件数、重量。目标是严格执行规章制度，提高服务质量，确保用户满意，杜绝差错。

### （二）物品出库过程

#### 1．核单备料

必须有正式出库凭证，严禁无单发货。保管员需仔细核对出库凭证的合法性、真实性及商品详情。自提商品还需财务部门签章。核查后开始备料，遵循“先进先出”等原则，备料后及时更新料卡信息。

#### 2．复核

备料后应立即复核以防差错，形式包括专职复核、交叉复核等。复核内容涵盖商品数量、质量、配套、技术证件等。

#### 3．包装

如货物包装不符合运输要求，需进行适当包装，确保货物在运输途中的安全。严禁性能抵触的商品混合包装，包装后需标明相关信息。

#### 4．点交

复核后，与提货人或运输部门办理交接手续，确保商品和单据当面点交清楚。

#### 5．登账

点交后，保管员须填写出库单并签名，及时交给货主以便结算。同时，将出库凭证交给登记人员做账。

### 6. 清理

清理包括现场清理，如清理库存、库房等；档案清理，分析收发、保养等情况。

电子商务库存管理流程如图 4-2 所示，其中包括入库管理、库内管理及出库管理。

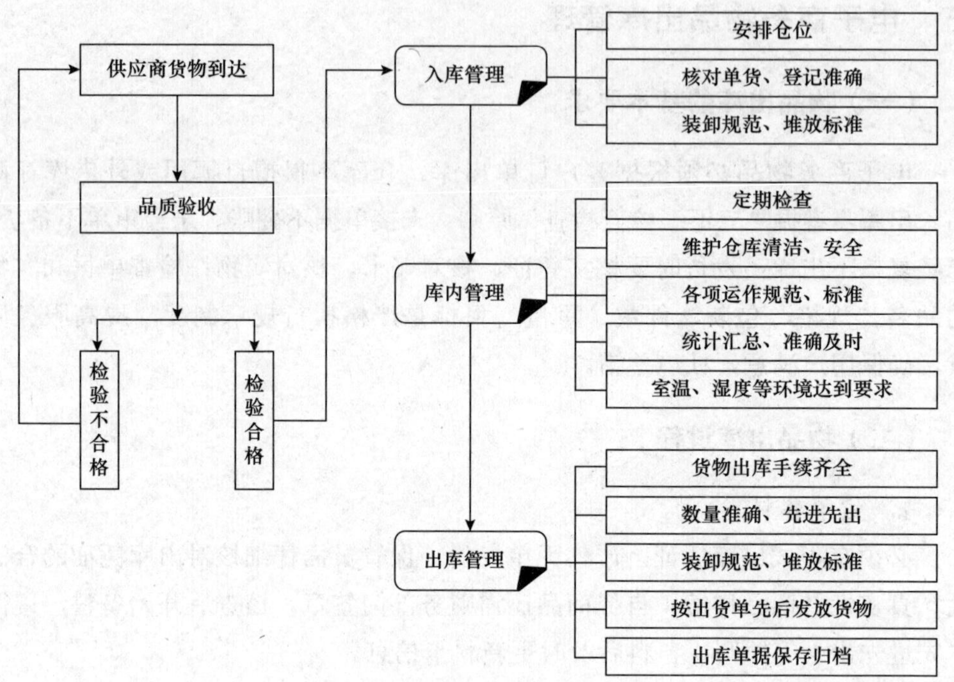


图 4-2　电子商务库存管理流程

## 六、电子商务仓储合理化

### （一）实行 ABC 分类控制法

根据货物的重要程度，将其分为 A、B、C 三类。A 类为特别重要，B 类为一般重要，C 类为不重要。针对不同类别的货物，采取不同的管理和控制策略。

### （二）适度集中存储

通过集中存储替代小规模分散存储，利用规模优势实现仓储合理化。集中存储便于调度，且总量通常低于分散存储，有助于实现机械化、自动化操作，并促进干线运输和支线运输的有效衔接。

### （三）提升总周转率

将静态储存转变为动态储存，通过控制商品 SKU 总数和加快单品周转次数，提高资金周转效率、减少货损、增强仓库吞吐能力，进而降低成本。

### （四）执行先进先出原则

为确保储存期不过长，采用贯通式货架、“双仓法”或计算机存取系统等有效的先进先出方式，也是仓储管理的重要准则。

### （五）优化仓容利用率

通过采用高层货架、减少通道宽度和数量等方法，提高仓库储存位置的利用率，从而增加存储容量。

### （六）应用储存定位系统

有效的储存定位能显著减少寻找、存放和取出货物的时间，降低差错率。可采取计算机管理或人工管理方式进行定位。

### （七）采用高效清点方式

采用“五五化”堆码、光电识别系统和计算机监控系统等清点方法，以提高清点效率和准确性。其中，条形码技术与计算机结合可实现自动记录和查询库存情况，进一步提高管理效率。

## 第三节　运输管理

在现代物流的核心功能中，运输起着至关重要的作用，它不仅实现物品从生产地到消费地的位移，还为物流过程带来增值。运输通过创造地点和时间的价值，在整个物流活动中扮演关键角色。

## 一、运输概述

### （一）运输的概念

运输是指使用特定的设备和工具，将货物从一个地点移动到另一个地点的过程。这个过程涵盖集货、分配、搬运、转运、装卸、分散等一系列操作。

### （二）运输的基本原理

运输主要基于两个经济原理：规模经济和距离经济。

#### 1. 规模经济

规模经济体现在单位运输成本随着运输规模的增加而降低。例如，整车载货的成本比零担（拼车）运输的单价要低，因为固定成本可以依据整批货物的总量进行分摊，批量越大，单位成本越低。

#### 2. 距离经济

距离经济是规模经济的一种形式，指的是单位距离成本随着运输距离的增长而下降。长距离运输的成本效益通常优于多次短距离运输的总和。由于与装卸相关的固定成本需要分摊到每单位距离的变动成本上，所以运输距离越远，每单位距离的成本就越低。

## 二、运输的功能

运输主要承担两大功能：产品的空间转移和产品短时间存放。

### （一）产品的空间转移

运输能够将产品从一地移至另一地，其重要性体现在以下几点。

#### 1. 创造时空效用

运输不仅通过改变产品位置创造空间效用，还能确保产品在适当时间抵达，产生时间效用，从而满足消费需求。

#### 2. 市场扩展

运输使得产品能远销各地，极大扩展了企业的市场范围，为企业带来更多发展机会。在电子商务时代，运输更是企业市场无限扩大的关键。

**3．价格稳定**

顺畅的运输体系能平衡地区资源差异，保持供求动态平衡，从而稳定产品价格。

**4．促进社会分工**

运输作为生产与销售的重要纽带，推动了社会分工的发展，提高了整体效率。

### （二）产品短时间存放

除了空间转移，运输还承担短时间存放产品的功能。当产品需要在短时间内重新转移时，将产品暂时存放在运输工具中可能比在仓库中装卸更为经济。特别是在仓库容量有限的情况下，利用运输车辆进行临时存储成了一个合理的选择。例如，当仓库受限时，可以先将产品装载到运输工具上，选择迂回路线进行运输，以实现临时存储的目的。

## 三、运输方式

运输方式包括铁路运输、公路运输、水路运输、航空运输、管道运输、联合运输、集装箱运输，其特点见表 4–2。

**表 4–2　运输方式及其特点**

| 运输方式 | 描述 | 特点 |
|---|---|---|
| 铁路运输 | 使用铁路列车运送货物 | 1．速度快<br>2．运货量大<br>3．安全性高<br>4．长距离成本低 |
| 公路运输 | 使用机动车辆（如汽车）在公路上运输 | 1．适于近距离运输<br>2．灵活性强<br>3．可进行“门到门”运输 |
| 水路运输 | 使用船舶在内河或海洋运输 | 1．成本低<br>2．适合大批量、远距离 |
| 航空运输 | 使用飞机或其他航空器运输 | 1．速度快<br>2．不受地形限制 |
| 管道运输 | 使用管道输送气体、液体和粉状固体 | 1. 避免货损、货差<br>2. 运输量大 |

续表

| 运输方式 | 描述 | 特点 |
| --- | --- | --- |
| 联合运输 | 由两家及以上运输企业或两种及以上运输方式共同完成 | 1．一票到底、单一费率<br>2．提供更好的服务价格比<br>3．发挥综合运输优势 |
| 集装箱运输 | 利用集装箱进行货物运输 | 1．方便换装、换装无须重新掏箱装箱<br>2．实现“门到门”运输<br>3．容易实现联合运输<br>4．减少货损 |

## 四、电子商务通旗下的智能运输管理

### （一）实现运输合理化的途径

实现运输合理化可从以下几个方面着手。

**1．提高运输工具的实载效率**

这包括单个运输工具的实际载重量与其运行距离的利用效率，以及在一定时期内完成的货物周转量与总运输能力的比率。提高实载率有助于减少空驶，充分利用运输资源，实现运输效率最大化。例如，通过“配送”模式集运多家企业的货物，以及铁路运输中的整车操作策略，均能有效提高装载效率。

**2．减少能耗，增强运输效能**

在基础设施既定条件下，减少能源消耗是降低成本的关键。这不仅涉及直接的运输能耗，还意味着优化运输方式和路径，以最小的能源投入完成最大运输量，达到合理化目标。

**3．推进运输体系社会化**

构建社会化运输体系意味着打破个体运输的局限，通过专业分工和资源共享，避免空驶、运力错配等问题。公路运输作为重点改革领域，正逐步向联合运输模式转变，实现跨运输方式的一票制服务，提高整体运输效率和经济性。

**4．推广“以公代铁”模式**

在适合公路运输的范围内，优先考虑使用公路代替铁路，特别是利用公路运输在门到门服务和灵活转运方面的优势，减轻铁路运输压力，提高运输灵活性和服务水平。

**5．发展直达运输**

减少中转环节，直接将货物从起点运送至目的地，可以显著提高运输速度，减少损耗和费用。对于大批量和稳定需求的货物，直达运输尤为有效，有利于建立高效的生产和分销网络，提高运输系统的整体计划性和效率。

**6．配载运输**

配载运输通过优化装载，最大化利用运输工具的载重和空间，以提升实载率。这通常涉及轻重货物混合搭载，例如，在运送矿石等重货的同时，舱面或上方搭载轻泡货物如木材或轻产品。这样做能在不增加运力或减少重货量的情况下解决轻泡货物的运输问题。

**7．“四就”直拨运输**

“四就”直拨运输减少了中转环节，目标是用最少的中转完成运输。通常，货物批量到达后会先进仓库再分配或销售，但这种方式可能不够高效。而“四就”直拨则直接从生产地或库区将货物分配给客户，避免了入库过程。

**8．发展特殊运输技术和工具**

科技进步是推进运输合理化的关键。例如，专用散装和罐车、袋鼠式车皮、大型半挂车和滚装船等技术改进，以及集装箱运输的创新，都有助于提高运输效率和降低损耗。

**9．流通加工促进运输合理化**

某些产品经过特殊加工可以改善其运输效率。比如，造纸原料加工成干纸浆、预包装轻泡产品、冷冻水产品和肉类，这些处理都能提高装载量、提升车辆使用率并减少损耗。

**10．利用综合运输体系与多式联运**

综合运输体系协调各种运输方式，构建一个连贯的交通网络。这包括运输方式分工、网络布局、枢纽配置、集疏运系统和换装设施管理、联合运输组织以及管理系统建立。运输节点是物流网络中的重要部分，负责指挥调度和信息管理。合理利用节点功能和综合运输网络布局可以实现综合运输体系与多式联运的最佳效果。

### （二）智能运输系统

**1．智能运输系统概述**

智能运输系统，常被简称为ITS，它融合了通信、控制以及信息处理技术，并在交通运输中得到了广泛应用。这种系统的综合应用能为人们节省时间、金钱，降低能源消耗，并对环境产生积极影响。ITS是建立在坚实的交通基础设施之上的，它高效地集成了先进的信息技术、通信技术、控制技术、传感器技术和系统综合技术，使其能够在地面交通系统中发挥巨大作用。从更宏观的角度看，ITS可以被视作一种人工智能系统。它借助交通传感器、内嵌交通知识的中央处理器（CPU）以及能够执行交通相关功能的机构，模拟了人类的感知、思考和行动能力，从而实现了交通的智能化。

我国在ITS方面的研究和开发工作可以追溯至20世纪90年代。经过长达20多年的不懈努力，我国在这一领域取得了令人瞩目的进步。根据中国智能交通协会发布的数据，结合交通各行业的智能化发展趋势，可以看出，2011年至2020年，我国智能交通市场的总体规模已经从420亿元迅速增加至1 658亿元，年增长率接近20%，呈现出强劲的上升势头。据预测，到2026年，我国智能交通行业的市场规模有望突破4 000亿元大关，年均复合增长率预计将维持在16%左右。

至今，我国已经成功建设了覆盖长达16万千米的高速公路电子不停车收费系统，该系统拥有超过2亿的用户。同时，还建立了覆盖40万千米国道干线的路网运行监测体系。目前，我国绝大多数的大中城市以及一些县级城市都已经基本完成了交通信号控制系统的建设。在城市公共交通的便捷支付方面，IC卡的使用者已超4亿人。共享汽车服务现已覆盖400多个城市，拥有近4亿用户，每日的订单峰值高达约2 700万单。对于私家车出行，手机导航已经变得非常普遍，目前已有近7亿用户在使用。

**2．ITS的服务领域**

ITS的体系框架构建主要涉及三个核心部分，即用户服务、逻辑框架以及物理框架。由于ITS的主要宗旨是为用户提供卓越且高效的服务，因此在整个体系结构中，服务领域成了一个至关重要的组成部分。这一领域主要关注的是能够为用户提供哪些大类服务。在构建体系结构时，服务领域是通过深入分析用户需求来确定的。这些用户主要分为两大类：公众和系统管理者，他们分别对应着系统层面的需求和普通用户的需求。

目前，我国的ITS体系结构涵盖了八大服务领域，这八大领域中共包含了34项服务功能。而这些服务功能又被进一步细分为137项子服务功能。具体来说，这八大服务领域包括交通管理与规划、电子收费、为出行者提供信息、车辆安全与辅助驾驶、紧急事件处理与安全保障、运营管理、综合运输服务以及自动公路系统。

### 3. ITS 标准

目前，针对智能交通系统（ITS）的专项标准正处于积极研发阶段。鉴于ITS横跨众多技术和专业领域，确保每一项技术遵循其对应的标准显得尤为重要。国际标准化组织（ISO）为此专门设立了一个技术委员会，旨在加速交通系统标准化进程。该委员会下设16个工作小组，这些小组早已投身于交通信息与控制系统标准化的深入探索中。

在国内，我国同样在积极推动ITS相关标准的研究工作。我国ITS体系框架主要围绕四大核心内容构建。

（1）ITS综合性标准。涵盖ITS的基本术语定义、系统架构以及数据单元词汇表，为ITS的标准化奠定理论基础。

（2）标准明细表。详细列出每项标准的名称、简介、建议的制定等级、国际标准采纳程度或国际发展趋势，为标准的制定与对接提供指导。

（3）标准要求。明确指出各个系统接口间所需交换的信息类型、实现特定功能所必需的数据交换内容，以及推荐的通信技术类型，确保系统的兼容性和互操作性。

（4）关键标准明细表。特别强调对整体系统运行至关重要的标准，确保这些标准得到优先考虑和实施。

### 4. ITS 的关键技术

智能交通系统（ITS）的核心研究虽聚焦于解决交通问题，但其研究与开发手段远远超越了传统交通工程学范畴，广泛融合了各类高新技术。这些技术构成了ITS的核心竞争力，体现了其跨学科的特性。因此，ITS的研发需要来自信息技术、计算机科学、通信技术、多媒体技术、自动控制技术等多个领域的专家共同参与。这些技术的交叉融合，不仅推动了ITS在信息采集、数据分析、决策支持、车辆控制等方面的能力提升，也为实现更加安全、高效、环保的交通运输系统奠定了坚实的基础。

# 第四节　配送管理

## 一、电子商务物流配送管理概述

电子商务物流配送管理是一个高度依赖现代信息技术的领域，它通过整合网络化计算机技术、现代化硬件设备、软件系统以及先进的管理方法，以满足市场需求。

### （一）电子商务物流配送管理的显著特点

**1．个性化服务**

配送活动是根据客户的特定需求来计划和执行的，包括货物的种类、数量、质量、交付时间和地点等。

**2．物流据点的利用**

配送中心、中转仓库、生产企业仓库、商业仓库、车站和港口等都可以作为物流据点，用于货物的集结和分发。

**3．综合性物流活动**

“配”不仅是指配送，还涵盖集货、存货、分货、配货、配装以及加工等多个环节。

**4．经济高效的送货**

配送过程中的送货环节是通过科学计算和规划来实现的，目的是以最经济的方式完成配送。

### （二）电子商务物流配送管理对配送物流系统的影响

（1）对于配送企业，它提高了配送效率，降低了成本，增强了企业的竞争力。

（2）对于用户，无论是需求方还是供应方，它都有助于降低库存，减少资金占用，提高资金使用效率。

（3）对于整个物流系统，电子商务物流配送管理有助于提高物流系统的整体功能和效率，实现资源的优化配置。

## 二、电子商务物流配送中心

### （一）配送中心的概念

配送中心可以被理解为一个综合性的物流枢纽，它负责从供应商那里接收大量不同种类的货物。在配送中心内，工作人员会执行一系列的物流操作，包括但不限于货物的卸载、重新包装、分类、储存、流通加工以及信息管理等。这些活动旨在确保货物能够根据客户的订单要求得到妥善处理。最终，配送中心会根据客户的具体需求，以高效和满意的服务标准，将货物配送到指定的地点。

### （二）配送中心的类型

在探讨配送中心的多样性时，我们可以从不同角度和它们的功能出发，对它们进行分类。以下是几种实际运作中常见的配送中心类型。

**1．专业配送中心**

此类配送中心专注于某一特定行业或产品的配送服务。它们不仅配送对象、配送技术具有专业特性，还整合了该专业领域的多种物资进行高效配送。例如，为制造业的销售而建立的配送中心，或是专注于某一类商品（如食品、电子产品等）的配送服务。

**2．柔性配送中心**

与专业配送中心相比，柔性配送中心更注重适应性和变化性。它们不局限于固定的供应关系和用户需求，能够迅速调整配送策略以满足市场的动态变化。这种配送中心在应对突发情况和市场波动时展现出极高的灵活性。

**3．供应配送中心**

这类配送中心主要为特定的用户或用户群提供配送服务。它们根据用户的需求和供应计划，组织并优化物资的配送流程。例如，为大型连锁超市、联合企业或特定工厂提供的配送服务，确保供应链的稳定和高效。

**4．销售型配送中心**

销售型配送中心以销售经营为主要目标，通过配送服务促进销售增长。它们可以是生产企业直接面向消费者的配送中心，也可以是流通企业为了扩大销售而建立的配送中心。此外，还有流通企业和生产企业联合建立的协作性配送中心，共同推动销售和市场拓展。

5. 城市内配送中心

城市内配送中心服务于城市内的最终用户，其配送范围主要限定在城市及周边地区。由于距离较近，通常采用汽车作为运输工具。这类配送中心能够高效、快速地满足城市内的配送需求。它们通常与零售业务紧密结合，以多品种、小批量、高频次的配送服务为特点。

6. 区域型配送中心

区域型配送中心拥有强大的辐射能力和库存准备，它们服务于跨省、全国甚至国际范围的用户。这类配送中心规模较大，用户群体广泛，配送批量也相应较大。它们通常扮演着城市间物资流通的枢纽角色，将货物配送给下一级的城市配送中心或直接送达各类用户。

7. 储存型配送中心

储存型配送中心以强大的储存功能为特点，它们在买方市场或卖方市场下都发挥着重要作用。在买方市场下，它们储存大量成品以满足销售需求；在卖方市场下，它们储存原材料和零部件以确保供应链的稳定。这类配送中心通常拥有较大的库存容量，以满足大规模配送的需求。

8. 流通型配送中心

流通型配送中心是一种以快速流转为主要特点的物流设施，它们不提供长期的存储服务。这些中心的运作模式是接收大量货物，然后迅速将这些货物按需分发给客户。具体操作流程是，货物一到达，就立即通过大型分货机进行分类和分配，直接送到指定的客户货位或装载到配送车辆上，从而减少货物在中心的停留时间。

9. 加工型配送中心

加工型配送中心不仅提供配送服务，还具备加工能力。它们根据用户的需求对货物进行加工处理，如切割、包装等，以满足用户的特定需求。这类配送中心通常拥有先进的加工设备和技术以及专业的加工人员。

10. 特殊功能型配送中心

特殊功能型配送中心在配送作业流程中具有特殊的操作要求或功能。这包括不设储存库的配送中心和分货型配送中心。不设储存库的配送中心主要依赖外部仓库进行货物补充，以快速响应配送需求；而分货型配送中心则专注于将大宗货物进行分堆后，再按照用户要求进行配送。

### （三）物流配送中心的功能

物流配送中心是一个多功能的物流枢纽，它不仅承担着基本的集货、分货和送货任务，还可能具备流通加工等高级服务功能。这些中心通常基于仓储、运输和批发业务发展而来，随着时间的推移，它们的功能不断扩展和强化，以满足现代物流的需求。

#### 1．备货功能

这是配送流程的起点，涉及资源的集中、订单处理、质量检查和结算等。配送中心通过集中需求，实现规模经济，降低成本，确保商品的多样性和供应的连续性。

#### 2．储存功能

配送中心需要存储一定量的商品以满足即时配送的需求。现代化的仓库和科学的管理方法确保商品在储存期间的品质和数量稳定。

#### 3．装卸搬运功能

装卸搬运是物流流程中的基本环节，专业的设备和方法可以显著提高效率，减少商品损耗。

#### 4．分拣、配货功能

配送中心根据客户的不同需求，对商品进行分拣和配货，确保能够满足多样化的配送要求。

#### 5．运输功能

配送中心负责组织运输网络，选择合适的运输方式，确保商品按时送达目的地。

#### 6．流通加工功能

根据客户需求，配送中心可能对商品进行加工，提高资源利用率，满足市场多样化需求。

#### 7．集散功能

配送中心作为流通节点，集中分散的商品，并通过分拣和配装将商品分发到多个用户。

#### 8．信息处理功能

配送中心拥有完整的信息处理系统，为经营管理、决策制定和销售促销提供数据支持。同时，通过与销售点的信息交流，可以及时调整库存和生产计划。

## 三、电子商务物流配送的成本管理

电子商务物流配送成本管理是物流配送管理中的关键部分，它直接影响物流活动的经济效益。物流配送成本不仅包括了为实现商品空间位移而直接支出的各种资源，还涵盖了从包装、装卸、搬运、运输、储存到流通加工和物流信息处理等各个环节的费用。

### （一）物流配送成本概述

#### 1. 物流配送成本的含义

物流成本是指在商品的物理流动过程中，包括静止状态，所耗费的所有资源的货币价值。它涵盖了人力、物力和财力的投入。

#### 2. 物流配送成本的特点

物流配送成本在企业的运营中具有一系列独有的特征，这些特征使其与其他成本类型存在显著的差异。

（1）物流配送成本的隐蔽性。物流配送成本的隐蔽性，常被称为“冰山现象”，它揭示了传统会计方法中难以全面捕捉的物流成本真实面貌。正如冰山一样，人们看到的只是露出水面的冰山一角，而大量的物流成本则隐藏在企业的其他费用之中。这种隐蔽性使得企业难以全面了解物流配送成本的全部构成，也难以进行物流成本企业间的有效比较。然而，一旦企业能够深入挖掘并优化这些隐藏的物流成本，将会为企业带来巨大的利润增长。

（2）物流配送成本的效益悖反。物流配送成本中的效益悖反现象指的是在物流配送系统中，各个功能要素之间存在着一种微妙的平衡关系。当企业试图优化某一功能要素以提高效率时，往往会伴随着其他功能要素效率的降低。这种悖反现象要求企业在设计和管理物流系统时，必须采用系统思维，全面考虑各个功能要素之间的相互作用，以实现物流成本的整体最优化。

（3）物流配送成本削减的放大效应。物流配送成本削减的放大效应指的是，当企业成功降低物流配送成本时，这一成本下降将会引发销售额的成倍增长。这是因为物流配送成本的降低意味着企业可以以更低的成本提供更好的物流服务，从而吸引更多的客户并增加销售额。这种放大效应类似物理学中的杠杆原理，它表明物流配送成本的优化可以为企业带来巨大的经济效益。

（4）物流配送成本中的不可控因素。物流配送成本中存在着一些不可控因素，这些因素超出了物流部门的直接控制范围。例如，由于过量进货或生产而导致的库存积压费用，以及由于紧急运输等例外情况而产生的额外费用。这些不可控因素要求企业在制定物流配送策略时，必须充分考虑各种可能的风险和不确定性，以确保物流配送过程的稳定性和可靠性。

**3．物流配送成本的构成和分类**

生产企业物流配送成本的构成和分类是理解企业物流经济性的基础。

（1）生产企业物流配送成本的构成。这些成本涉及企业在供应链的各个阶段，包括原材料采购、产品生产、销售、售后服务以及废物回收等环节。具体包括：

人员成本。涉及采购和销售人员的工资和福利。

采购成本。包括原材料和生产要素的运输、差旅等费用。

销售成本。涉及广告、宣传以及产品销售过程中的相关费用。

仓储成本。包括企业内部仓库的保管和维护费用。

设备折旧与财务费用。涉及设备和仓库的折旧以及贷款利息。

回收成本。包括废弃物品的运输和搬运费用。

（2）生产企业物流配送成本的分类。可以根据不同标准进行分类。

1）按物流过程划分

供应物流费。原材料和燃料的采购涉及的运输、装卸、搬运费用。

生产物流费。生产过程中原材料、半成品、产成品转移的相关费用。

销售物流费。产品销售相关的广告、展览、宣传和运输费用。

退货物流费。处理退货和换货产生的运输、装卸、搬运费用。

废品回收物流费。废旧物品回收过程的运输、装卸、搬运费用。

2）按物流活动构成划分

物流环节费。产品实体转移过程中的包装、运输、保管、装卸费用。

信息流通费。物流信息处理，包括库存管理、订单处理、客户服务等的费用。

物流管理费。物流的组织、计划、控制、调配等管理活动产生的费用。

### （二）物流配送成本的核算方法

物流配送成本核算是物流成本管理的基础，它要求企业不仅要理解物流成本的概念，还要掌握成本的计算方法和范围。

**1．成本计算范围的重要性**

在核算物流成本时，需要明确成本的计算范围，因为不同的计算范围会导致成本数据的巨大差异。物流成本的计算范围通常由以下三个部分组成。

（1）物流范围。指的是物流活动的起始点和结束点，包括原材料物流、工厂内物流以及从仓库到客户的物流。不同的物流范围会导致物流成本的显著变化。

（2）物流功能范围。涉及运输、保管、配送、包装、装卸、搬运、信息管理等多个物流功能。选择哪些功能作为成本计算对象，将直接影响成本的计算结果。

（3）成本计算会计科目的范围。在众多会计科目中，需要确定哪些科目的费用应该计入物流成本。这包括外部开支如运输费、保管费，以及内部支出如人工费、折旧费、修理费等。不同的科目选择会导致物流成本的不同。

**2．成本计算范围的确定**

企业在确定物流成本的计算范围时，需要根据实际情况来决定。合理的计算范围有助于更准确地核算物流成本，从而为物流成本分析和控制提供依据。

**3．物流配送成本的计算方法**

物流配送成本的核算是物流管理中的一个关键环节，它有助于企业理解成本结构并优化物流操作。在我国，目前还没有统一的物流配送成本核算标准，但可以借鉴国际上的方法，并结合国内企业的实际情况来核算。

（1）按支付形态计算物流配送成本。这种方法通过将物流成本分为运输费、保管费、包装费、人事费、物流管理费和物流利息等不同的支付形态进行记账。这样做可以帮助企业了解总成本额以及各个支付项目的具体花费，从而识别成本管理的重点。

（2）按功能计算物流配送成本。这种方法侧重于从功能的角度来核算成本，将物流成本按照包装、配送、保管、搬运、装卸、信息流通等不同的物流管理功能进行分类。通过这种分类，企业可以识别哪些功能的成本较高，进而发现物流活动中的不合理之处，并计算出标准成本，有助于设定合理的作业管理目标。

（3）按适用对象计算物流配送成本。这种方法通过分析物流成本在不同对象上的分配，如商品、地区、顾客或营业单位等。例如：

1）按商品计算。将按功能计算出的物流费用根据一定标准分配给各类商品，以计算出每种商品的物流成本。

2）按顾客计算。这种方法有助于企业在制定顾客战略时，考虑顾客选择和服务水平的确定。

3）按地区或营业单位计算。通过计算不同地区或营业单位的物流成本，并与销售收入进行对比，企业可以了解每个单位销售收入所承担的物流费用，从而识别物流成本中存在的问题并加强管理。

### （三）物流配送成本管理的含义和作用

物流配送成本管理并非直接对成本数字进行控制，而是通过成本数据来指导和优化物流活动的一种管理策略。

**1．物流配送成本管理的含义**

物流配送成本管理实质上是通过成本数据分析，对物流活动进行有效组织和控制的过程。它不是简单地减少成本数字，而是利用成本信息作为工具，对物流活动进行科学管理和决策支持，以提高资源使用效率，降低不必要的消耗。

**2．物流配送成本管理的作用**

（1）宏观角度

1）提升行业竞争力。如果整个行业的物流效率提升，物流成本降低，那么该行业在国际市场上的竞争力将得到加强。

2）稳定市场价格。物流成本的普遍降低有助于降低产品价格，从而稳定市场，提高消费者的购买力。

3）资源节约。物流成本的降低意味着在物流领域物化劳动和活劳动的节约，有助于社会资源的有效利用和减少消耗。

（2）微观角度

1）增加企业利润。物流成本在产品总成本中占有重要比重，降低物流成本直接增加了企业的利润空间。

2）增强市场竞争力。通过降低物流成本，企业可以制更有竞争力的价格策略，增加市场份额，带来更多利润。

3）优化物流计划。利用物流成本数据，企业可以制订更合理的物流计划，调整物流活动，并通过系统优化降低物流费用。

4）明确责任。物流成本的计算有助于识别物流活动中的不合理环节，明确责任归属，促进持续改进。

### （四）物流配送成本控制

物流配送成本控制是物流管理中的一个关键环节，涉及对物流活动中产生的各种费用进行有效管理和控制。

**1. 物流配送成本控制的含义**

物流配送成本控制是指通过成本会计手段，设定成本限额，并与实际成本进行比较，通过纠正差异来提升物流活动的经济效益。

**2. 物流配送成本控制的内容**

（1）运输费用控制。运输费用是物流成本中的主要部分，控制运输费用的关键在于选择合适的运输方式和价格，并考虑运输时间、准确性、安全性和批量。

（2）装卸搬运费用控制。装卸搬运是物流活动的重要组成部分，控制费用的关键在于减少损耗、装卸时间和次数。

（3）储存费用控制。储存费用与货物在仓库中的存放时间和管理效率有关，控制储存费用的关键在于简化入库流程和提高仓库利用率。

（4）包装费用控制。包装费用在物流总成本中占有一席之地，控制包装费用的关键在于提高包装的标准化和减少材料耗费。

（5）流通加工费用控制。流通加工费用是指根据客户需求对商品进行加工所产生的费用，控制这一费用需要优化加工流程和提高效率。

物流管理者应该从整体物流系统的角度出发，规划和执行各环节的成本控制策略。这样做可以避免仅仅关注局部成本降低，而忽视了整个物流系统对企业整体成本效益的贡献。通过全面的成本控制，企业可以更有效地管理物流成本，提高物流效率和经济效益。

### （五）物流配送成本控制策略

**1. 混合策略**

这是一种结合内部配送和外包配送的方法。企业根据自身和第三方物流的优势，灵活安排配送任务，以实现成本最低化。这种方法适用于产品多样性高、销量波动大的情况，可以避免单一策略带来的规模不经济。

#### 2. 差异化策略

该策略强调根据产品的特性和顾客的服务要求来制定配送方案。企业需要为不同产品设置不同的库存水平、运输方式和储存地点，以适应市场需求，避免因忽视产品差异性而增加的配送成本。

#### 3. 合并策略

该策略包括两个层面，一是在配送方法上的合并，二是共同配送。配送方法上的合并意味着充分利用车辆的容积和载重，通过合理搭配货物，实现满载。共同配送则是多个企业合作，整合资源，共享配送设施，以提高配送效率。

#### 4. 延迟策略

该策略的核心是将产品的最终加工、组装或配送推迟到接到客户订单之后。这样可以减少基于预测的库存风险，但要求企业具备快速响应市场变化的能力，以及高效的信息传递系统。

#### 5. 标准化策略

该策略鼓励使用标准化的零部件和模块化产品，以减少因产品多样性导致的额外物流成本。这要求企业在产品设计阶段就考虑物流成本，通过标准化来简化生产和配送流程。

## 四、电子商务物流配送质量管理

### （一）配送质量管理概述

#### 1. 配送质量

基于 GB 6583—1994 对“质量”的定义，我们可以将“配送质量”理解为：在配送活动过程中，物流企业所展现出的满足客户显性及隐性需求的能力特性的总和。配送作为物质在小范围内的空间转移过程，几乎涵盖了物流业务的主要环节，可以说是一个微缩版的物流系统。无论是实体产品还是服务，只要它们具有使用价值，都会涉及质量问题。在这里，配送质量特指物流企业通过配送服务满足客户需求的程度。配送服务，作为物流企业的核心产出之一，是无形的，这使得其质量难以被直接感知。在配送活动开始之前，客户往往难以确切预知即将获得的配送服务质量；而在配送完成后，客户也难以对配送质量进行客观、标准化的评价或检测。因此，我们通常需要通过一段时间内的质量数据来进行统计、分析和评价。

从流程角度来看，配送过程本身并不涉及对货物的深度加工，但货物的保管环节若处理不当，则可能直接影响货物的质量。因此，配送质量对于物流企业的运营和发展具有至关重要的影响，它直接关系企业的声誉、客户满意度以及市场竞争力。

从满足客户需要的角度来分析，配送质量的优劣主要体现在以下五个方面。

（1）质量方面。客户在付出相同成本时，往往期望获得更高质量的配送服务。他们会基于货物的具体属性，仔细评估各种配送工具在功能性、可靠性、安全性和经济性等方面的表现。配送产品所展现的质量水平，直接反映了客户在物质层面的基本需求。

（2）数量方面。在配送过程中，客户对于货物的数量有着明确的要求。物流企业需要根据客户的需求和配送工具的能力，综合考虑，确保配送数量的准确性，以最大限度地降低配送成本。

（3）时间方面。客户通常期望货物能够快速、准时地送达。因此，配送服务在时间上的表现至关重要。通过缩短货物的待运和在途时间，加速货物流通，确保配送的准时性、合理的配送间隔和发货密度，可以有效地满足市场供给需求，并提供门到门的服务，甚至在必要时提供特殊的及时配送服务。

（4）价格方面。客户的需求在价格方面也有所不同。有的客户寻求的是价格更为实惠的承运人，以获取基本服务并保证货物按时、按质、按量送达；而有的客户则愿意为更高端、更特殊的配送服务支付额外的费用，以满足其特定的竞争战略需求。

（5）服务方面。在配送过程中，客户会接触到包括装卸、驾驶、分拣、信息跟踪、单证签发等多个环节的服务人员。这些人员的专业能力和服务态度对于配送质量有着重要影响。此外，客户还期望获得快速响应、友好态度、手续简便等软性服务，以满足其在精神层面的需求。服务质量的优劣，直接反映了客户对于配送服务在精神层面的期望和满意度。

**2. 配送质量管理的基本工作**

配送质量管理的基本工作主要包括以下几个方面。

（1）提升员工的质量意识和管理能力

1）强化员工的质量意识。通过培训和教育，提升员工对质量管理的认识和技能。

2）建立管理组织。成立专门的领导机构和群众组织，负责宣传、教育、培训、计划、实施和检查工作。

（2）信息管理

建立质量信息系统。为了应对配送过程中信息传递距离远、收集难度大、及时性差的问题，需要建立有效的信息系统，实现动态管理。

（3）基础工作

1）标准化。制定明确的质量要求、工作规范和检查方法，确保所有工作都符合产品质量标准。

2）制度化。确立质量管理的长期性和稳定性，通过建立协作体制和责任制，使质量责任在日常工作中得到体现。

（4）开发差错预防体系

1）库存管理。通过规划和调整存储区，实现库存商品的有序放置，简化存取过程。

2）应用新技术。使用条码系统、便携式扫描仪、电子计算机控制的分拣和存储系统，提高操作的准确性。

3）智能配送系统。建立一个能够监测和核对配送活动全过程的系统，及时发现并解决问题。

## （二）配送服务质量体系

### 1．建立配送服务质量体系的重要性

（1）顺应全球贸易一体化的趋势

随着全球经济一体化的深入，国际标准组织（ISO）于 1987 年和 1994 年发布的 ISO 9000 系列质量管理和质量保证标准已成为国际服务贸易领域的通用准则。配送服务作为服务贸易的重要组成部分，构建配送服务质量体系并符合 ISO 9000 标准，是企业融入全球贸易一体化市场的必要条件。

（2）获取市场竞争的通行证

在全球化背景下，特别是“入世”后，国内市场逐步开放，国内外市场趋于一体化。通过获得 ISO 9000 认证，配送企业将获得进入国际市场的资格，增强在国际市场上的竞争力。而未经认证的企业，则可能在激烈的市场竞争中

逐渐失去优势，面临被淘汰的风险。

（3）提升管理水平和企业竞争力

我国现有的物流企业中，许多是由传统仓储、运输企业转型而来，其内部管理和运作方式亟待改进。ISO 9000 标准融合了全球主要发达国家在质量管理方面的先进经验，其实施将促使企业实现管理法制化、程序化，并引入一系列现代化管理方法。从已认证企业的实践来看，这些企业在内部管理、业务开展等方面均取得了显著进步，从而增强了企业的整体竞争力。

**2. 配送质量体系要素的选择策略**

当配送企业决定实施 ISO 9000 族标准时，选择合适的质量保证模式和质量体系要素是至关重要的。这需要根据企业的实际情况和市场需求来做出决策。

（1）质量保证模式的选定

在 ISO 9000 中，配送企业更倾向于选择 ISO 9002 作为质量保证模式。这是因为 ISO 9002 是专为服务性企业设计的，与配送企业的业务性质高度契合。配送企业主要为生产工厂、销售商、代理商提供全过程的配送服务，不直接涉及产品的设计和生产过程，因此 ISO 9002 是一个合适的选择。

（2）质量体系要素的筛选

ISO 9002 质量保证模式中包含了 19 个要素，这些要素共同构成了完整的质量保证体系。在实际应用中，企业可以根据自身需求和实际情况，选择性地采用这些要素。这种选择通常是在与第三方认证机构协商后，基于企业的特定条件和需求来确定的。

（3）证实方式的决策

在选择了质量保证模式和质量体系要素之后，配送企业需要向客户或认证机构证实其质量体系的适用性和有效性。这可以通过三种方式实现。首先是“存在声明”，即企业通过口头或书面方式向客户说明其实施的质量体系要素及结果；其次是“文件证据”，即企业向客户提供有关质量体系的文件和情况说明；最后是“执行见证”，这是最高级别的证实方式，企业需要提供详细的体系文件和实施过程的质量记录等见证材料。

**3. 构建配送质量体系的过程**

实施 ISO 9000 质量保证标准，需要配送企业全体员工的共同努力，以确保整个体系的顺利建立与运行。这一过程是一个系统的工程，需要分阶段、有计划地进行。以下是构建配送质量体系的一般步骤。

（1）初始准备阶段

在这一阶段，企业领导层需要达成共识，决定实施 ISO 9000 认证，并选择合适的咨询机构支持。同时，组织高层领导和中层干部进行培训，确保全体员工对认证工作有充分的了解。此外，还需成立专门的贯彻标准小组或办公室来负责整个认证工作的推进。

（2）体系规划阶段

在规划阶段，贯彻标准小组和文件编写人员需要深入学习 ISO 9000 标准的内容，了解并收集企业现行的服务贸易运作方法、规章制度、组织结构和职责职权等信息。基于这些信息，制订详细的贯彻标准工作计划，并确立企业的质量方针和质量目标，将其分解到各个职能部门具体实施。

（3）文件编写阶段

在此阶段，需要编写质量体系文件，包括质量手册、质量体系程序以及其他相关的文件。这些文件应具有系统性和可操作性，能够清晰地指导企业各项质量活动的实施。

（4）体系试运行阶段

完成文件编写后，将质量体系文件中的规定内容分配到各个部门、专业和岗位进行实际运作。在试运行过程中，要及时发现并纠正存在的问题，不断完善体系文件。

（5）认证审核与注册阶段

当企业确认自身的质量体系已达到 ISO 9000 标准的要求后，可向认证机构提出认证申请。认证机构将对企业进行预审，并针对发现的问题提出改进建议。企业须采取相应对策进行纠正，并向认证机构提出正式认证申请。一旦认证机构审查合格，企业将获得质量体系认证证书，有效期一般为 3 年。在此期间，企业需要接受认证机构的监督式审核，以确保质量体系的持续有效运行。同时，企业应定期开展质量审核和管理评审，以保持质量体系的正常运转并不断提高服务质量。

第五章

# 电子商务物流系统的新发展——绿色物流

## 第一节　再生资源回收物流

### 一、回收物流、逆向物流与废弃物物流的概念

在现代物流领域，回收物流、逆向物流和废弃物物流是三个紧密相连且各有特色的概念。为了深入了解这三者，需要明确它们的定义及其在现代供应链中的角色。

回收物流，这是一个涉及退货、返修物品以及周转使用的包装容器等从消费者或使用者返回供应商的流程。这一过程不仅是物品的简单回流，它还包括对这些返回物品的检验、分类、修复或再利用等一系列复杂的物流活动。在这个过程中，如何高效地处理这些返回的物品，减少浪费，并实现最大化的资源再利用，是回收物流需要面对的挑战。

而逆向物流，则是一个更为宽泛的概念，它关注的是整个供应链中物品从下游向上游的反向流动。这种流动可能是为了恢复物品的价值、实现资源的循环利用，或是进行合理处置。逆向物流不仅涵盖传统的退货流程，还包括对废旧物品、瑕疵产品的回收、再利用或销毁。在这个框架下，退货只是逆向物流的一个方面。逆向物流的实施，不仅有助于减少资源浪费，还能为企业带来新的商机，比如通过再制造或翻新废旧产品来获取额外的收益。

废弃物物流则专注于处理那些在经济活动或日常生活中失去原有使用价值的物品。这一过程包括废物的收集、分类、加工、包装、搬运和储存，最终将其送至专门的处理场所。与逆向物流不同，废弃物物流更多地关注废物的最终处置，而非其再利用价值。

由于这三个概念在实践中存在一定的交叉和重叠，特别是“逆向物流”和“回收物流”之间的界限并不总是那么清晰，这给研究和实际操作带来了一定的困扰。为了更清晰地阐述这三者之间的关系，可以从广义和狭义两个角度来解读“回收物流”。

如图 5-1 所示，从广义的角度来看，回收物流实际上涵盖了逆向物流、再生资源回收物流和废弃物回收物流。在这个框架下，逆向物流主要是处理退货等问题，它是现代物流供应链中不可或缺的一环，与正向物流共同构成了一个完整的循环系统。再生资源回收物流则关注的是如何高效回收并再利用那些仍具有潜在价值的资源，这一过程可能包括回收、分拣、储存、拆分处理等多个环节。而废弃物回收物流则专注于那些已失去使用价值且无法再利用的废弃物的处理。

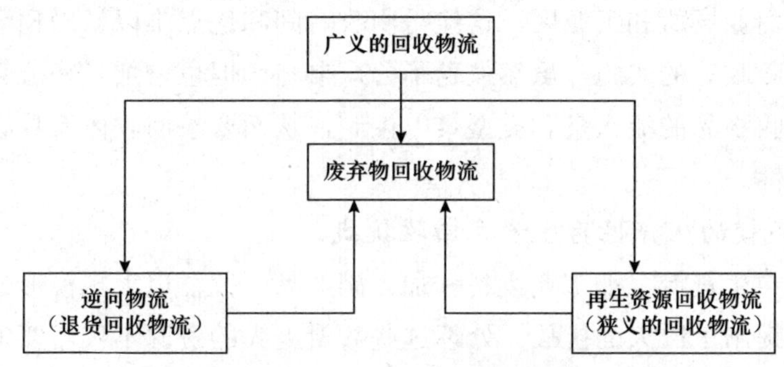


**图 5-1　电子商务化的物流服务**

狭义的回收物流，特指再生资源回收物流这一部分。它关注的是那些在生活或生产过程中产生的、虽然失去了原有全部或部分使用价值，但经过一定加工处理后仍可再次利用的物品。这些物品从产生地到再利用地的实体流动过程，以及伴随其中的信息及资金流动过程，构成了狭义的回收物流的核心内容。这一过程不仅有助于节约资源、减少浪费，还能为企业创造新的经济价值和社会价值。

## 二、再生资源回收物流的特点和网络构成

### （一）再生资源回收物流的特点

再生资源回收物流是一个复杂且多维度的系统，对推动可持续发展和循环经济至关重要。以下是该系统几个关键特点的详细阐述。

**1. 再生资源回收物流的多样性与广泛性**

再生资源回收物流的一个显著特点是其种类繁多，这直接源于再生资源产生的多元化渠道和复杂方式。从工厂的生产线到家庭的日常消费，再生资源无处不在，涵盖了生产、流通和消费的每一个角落。无论是金属废料、塑料废弃物、电子垃圾还是纸张等，每一种再生资源的回收都要求特定的处理方法和物流策略。这种多样性不仅体现在资源类型上，还体现在回收物流的操作模式和技术应用上，需要高度的灵活性和创新性。

**2. 回收物流的动态性和不确定性**

再生资源回收物流面临着多变性，这是由回收活动的分散性和消费者行为的不确定性共同作用的结果。一方面，再生资源来自广泛而分散的源头，包括个体家庭、商业场所和工业区，这使得回收时间和地点难以精确预测。另一方面，自由回收政策的实施，虽然鼓励了公众参与，但也增加了物流管理的复杂度，因为回收物品的流入量和类型难以控制，从而要求回收体系具有高度的适应性和灵活性。

**3. 大规模的生产性再生资源回收挑战**

生产性再生资源，如工业废料和加工副产品，往往以大规模形式存在，这对回收物流提出了巨大的挑战。处理这些数量庞大的资源不仅需要庞大的物理设施和运输网络，还需要大量的物质投入（如设备、能源）和人力资源。高效的分拣、储存、运输和处理系统是确保这些资源得到有效循环利用的关键。

**4. 供应渠道分散，分销渠道相对集中**

与传统商品供应链不同，再生资源的流通呈现出一种特殊的“倒金字塔”结构。源头广布而分散——几乎每个生产、消费环节都是潜在的再生资源产出地，这些资源随后通过相对较少的中间商集中，最终供给少数专注于再生产的消费单位。这一过程不仅体现了循环经济中“从多到少，再从少到精”的资源流动模式，也强调了构建高效收集系统的重要性。有效的收集和分类机制能够确保这些宝贵资源得以高效整合并输送到需要的地方，减少流失，提高资源的循环利用率。

### （二）再生资源回收物流的网络构成

再生资源回收物流网络体系可以分为生活性再生资源回收物流网络体系和生产性再生资源回收物流网络体系两种类型。生活性再生资源通常分为四个层级：回收点→回收中心→集散市场→深加工中心（以再生资源为原材料的企业），如图 5-2 所示。生产性再生资源由于本身特性（量大、相对集中），其网络体系通常分为三个层级：回收中心→集散市场→深加工中心（利用废旧的厂家和加工厂），如图 5-3 所示。

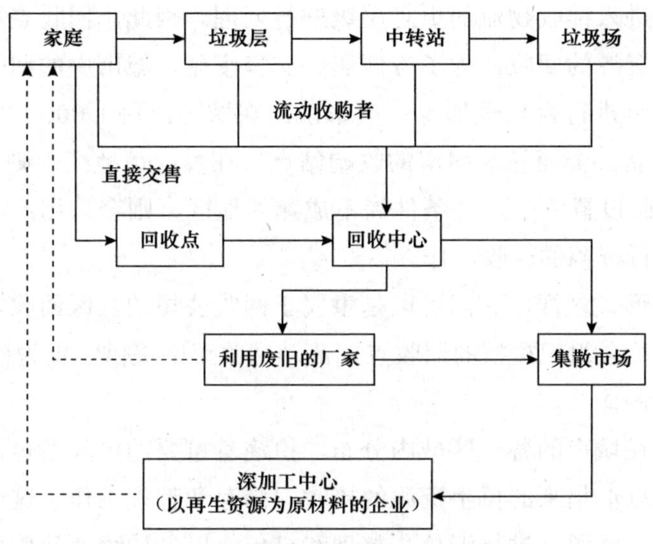


**图 5-2　生活性再生资源回收物流流程**

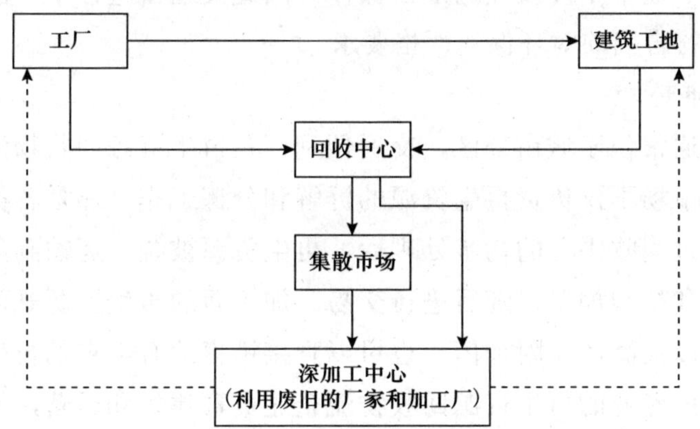


**图 5-3　生产性再生资源回收物流流程**

**1. 回收点**

回收点，也被称作回收站点，这种设施往往被设立在居民生活区域或者工业聚集区内。它们的主要功能是专门收集来自居民日常生活或企业生产过程中产生的可再生资源。作为再生资源回收物流网络的最基层单位，回收点与消费者的距离最近，其设置的是否合理与便捷直接影响着居民和企业对再生资源回收系统的整体印象与参与度。因此，为了确保回收的高效和居民的满意度，生活性再生资源的回收点通常会遵循“日产日清”的原则，即每日收集到的可再生资源都会在当日得到处理，不堆积、不留存，以保持站点的清洁与高效。

由于生产性再生资源每次的运输量相对较大，这类资源通常不经过回收点，而是直接进入回收物流的更高层级进行处理。因此，回收点更多的是服务于生活性再生资源的回收。为了方便居民交售废品，城市中的回收点布局通常会根据居民数量进行合理规划。一般来说，在城区，每 1 000 户至 1 500 户居民区域就会设立一个简易或固定的收购站点；在乡、镇地区，则是每 1 500 户至 2 000 户居民设置一个。在条件尚不成熟的地区，则会采用流动回收车的方式，灵活地进行资源的回收工作。

回收点的形式多样，它们可以是隶属于回收公司的社区回收点，也可以是街道、物业或社会组织授权的回收点，流动回收车则提供了更为便捷的服务。

**2. 回收中心**

回收中心在城市的各个区域内分布，扮演着重要的中间角色。它们主要负责从各回收站点汇集来的再生资源的接收、储存和整理工作。这些中心还同时处理生产性再生资源，进行汇总、整理和打包，以备后续环节使用。值得注意的是，回收中心通常不涉及任何加工操作，因此其运营过程中一般不会产生环境污染，这也符合当前对环保的严格要求。

**3. 集散市场**

集散市场通常位于城市郊区，交通便利，是再生资源回收物流链条中的重要一环。这些市场不仅负责再生资源的拆解和分拣工作，还是各类再生资源的交易平台。经过回收中心的初步处理后，再生资源被统一运输到集散市场进行更细致的分类和初步加工，随后进行交易。加工后的再生资源既可以直接运送到深加工中心以提高产品附加值，也可以直接销售给有需求的再生资源企业。集散市场一般由专业的再生资源回收物流企业负责建设和运营，不同的经营户会分包其中的业务。为了确保环保标准，集散市场必须配备完善的污水、污油和固体废物处理系统。

**4. 深加工中心**

深加工中心往往设立在工业园区或产业园区之内，它们的主要任务是对经过初加工的再生资源进行深度加工，从而提高产品的附加值和市场售价。随着再生资源回收利用行业的发展，从初加工向深加工的转变已成为必然趋势。那些仅仅从事“买废卖废”的企业将逐渐失去市场竞争力。深加工中心之所以通常选择在工业园区或产业园区落户，是因为这些区域能够提供更好的基础设施和规模效应，有助于降低运营成本、提高企业效益。此外，深加工中心还配备了比集散市场更为先进的污水、污油和固废处理系统，以确保生产过程中的环保要求得到严格满足，这也是产业园区能够吸引再生资源深加工中心入驻的重要原因之一。再生资源回收点、回收中心、集散市场以及深加工中心各层级的主要作业，如图 5-4 所示。

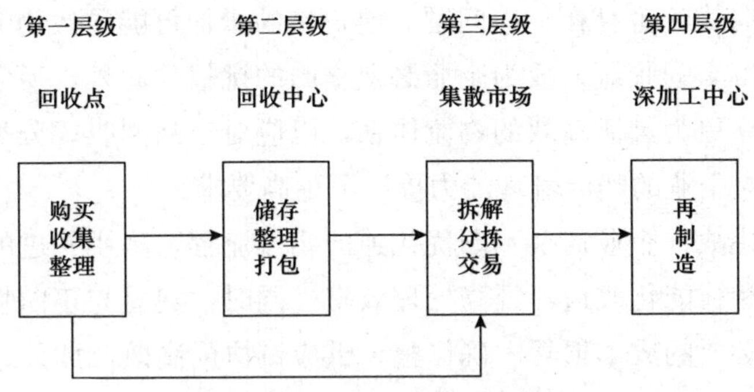


**图 5-4　再生资源回收物流主要作业**

# 第二节　逆向物流

在电子商务的广阔舞台中，逆向物流作为一种新兴的物流模式，以其独特的优势成为企业竞争的新战场。它不仅关乎产品从消费者回归至企业的回流过程，更是融合了信息技术与消费者导向思维的产物，深刻影响着企业的运营策略和市场表现。

## 一、电子商务与逆向物流

### （一）逆向物流成为电子商务的竞争优势

#### 1. 提升顾客体验，巩固竞争优势

在虚拟购物环境中，消费者无法直观感受商品，故退货和售后服务的有效性成为衡量电商服务质量的硬指标。逆向物流的高效与便捷性直接影响到消费者的购物决策，影响其满意度和忠诚度。高满意度能够转化为品牌口碑，如

同“口碑营销”的乘数效应，为企业带来更多的潜在客户，进而提升市场竞争力。

2. 利用互联网技术，精准把握市场需求

电子商务平台借助互联网的高效信息传递能力，能够快速收集和分析消费者反馈、退货数据、产品召回需求等信息，为企业的市场策略提供数据支持。这种即时的数据洞察力使企业能够更快响应市场变化，调整产品线和服务策略，从而在竞争中占据先机。

然而，逆向物流也存在一些问题。退货量的增加可能导致物流成本上升，侵蚀正向物流带来的收益，成为企业必须直面的挑战。此外，逆向物流的复杂性要求企业建立更为灵活高效的物流体系，以应对产品回收、分类、处理等一系列操作，这对企业的物流管理能力提出了更高要求。

应对这些挑战，企业需要不断优化逆向物流流程，采用先进的信息技术进行流程自动化和智能化改造，提高处理效率。同时，建立与正向物流相协调的机制，减少不必要的成本损耗，确保整个供应链协同高效。此外，加强与消费者之间的沟通，通过教育和激励措施减少不必要的退货，也是提升逆向物流效率的关键。

3. 绿色环保，塑造正面企业形象

随着社会对可持续发展的重视，企业承担起环保责任义不容辞。通过逆向物流实现产品回收再利用或安全处置，减少环境污染，是展现企业的社会责任感的一个方面。这一策略不仅响应了消费者日益增长的环保意识，还能够帮助企业树立正面的品牌形象，赢得更广泛的市场认同。

4. 创造综合价值，实现双赢

实施逆向物流不仅有助于资源的最大化利用，减少浪费，还能促使产品符合环保标准，增强市场竞争力，拓展市场份额，为企业带来直接的经济利益。此外，这一过程也是企业履行社会责任的表现，长远来看，能获得政府、消费者和社会的认可，为企业带来更为丰厚的无形价值。

5. 驱动内部管理的优化与革新

逆向物流如同一面镜子，反映出企业生产和销售中的问题，促使企业不断审视和改进。通过逆向物流的信息反馈系统，企业能精准识别退货原因，优化产品设计，减少未来退货率，同时也能发现潜在的市场趋势，为产品研发和市场营销策略调整提供依据，实现管理效率与产品创新的双重提高。

### （二）电子商务中逆向物流产生的原因

在电子商务领域，逆向物流的产生是一个相对常见的现象，其原因多种多样，与传统零售环境中的退货原因有一定的相似性，但也有其独特性。以下是几个主要因素。

1．商品本身的问题

商品存在质量问题、瑕疵或者接近过期，以及在配送过程中受到损坏或发生错配，都是导致退货的常见原因。这些问题直接影响商品的使用价值和消费者的满意度，从而引起逆向物流的需求。

2．消费者行为的驱动

在线购物可能会因为多种原因导致消费者退货。例如，他们可能误购了本不打算购买的商品，或者在收到商品后希望更换为更佳的产品型号。另外，零售商或分销商有时也会将库存积压、滞销或过季商品退回给供应商，这也是产生逆向物流的一个原因。

3．信息不对称问题

在电子商务模式中，顾客通常只能通过商品的电子图片和描述来了解产品，这导致他们无法像在实体店那样全面地感受商品。当收到的产品与网上展示的存在差异时，就可能引发退货，这是逆向物流增加的一个重要原因。

4．法律法规的要求

多数国家和地区为了保护环境、促进资源的再利用，规范在线市场的行为和保障消费者权益，出台了不少相关的法律法规。这些规定通常要求电子商务平台必须提供明确的退货政策。此外，行业标准和消费者保护组织也可能提出一些补充性的规定，进一步影响电子商务中的逆向物流。

5．市场竞争压力

在竞争日益激烈的市场中，商家为了吸引和留住客户，会推出各种有吸引力的退货政策等优惠条件，比如“不满意就退货”。尽管这些措施提升了消费者体验，但同时也不可避免地增加了退货率，进而增加了逆向物流的数量。

## 二、逆向物流的价值

逆向物流不仅是一个物流流程，它在现代企业与供应链管理中还承载着多重价值，包括经济价值与环境效益。深入探讨其意义，我们可以从以下几个方面来了解逆向物流的重要性。

### （一）改善和提高顾客价值，增强企业战略竞争优势

随着市场环境的变化，企业的经营策略也逐渐从“产品中心”向“顾客中心”转变。在现今买方主导的市场经济中，企业之间的竞争优势在很大程度上取决于它们为客户创造的价值。逆向物流的有效管理，例如确保不符合订单要求的产品能够及时退货，或是有质量问题的商品得到迅速召回，都大大增强了消费者对企业的信赖。这种信赖，无疑使企业在激烈的市场竞争中占据有利地位。

### （二）降低企业成本，创造成本优势

随着物流领域的深入研究，高昂的物流成本问题逐渐受到各界的关注。据统计，美国的物流成本占其 GDP 的比重低于 10%，而我国这一比例却高达 20%。这不仅影响了我国企业和产品的市场竞争力，更在宏观层面对国家经济的整体运行效率造成了影响。传统的物料管理方式往往只关注企业内部的物料使用，却忽视了企业外部废旧产品和物料的有效再利用，这导致了大量的资源浪费。逆向物流通过对废旧产品的回收和再利用，不仅降低了企业的原材料成本，还提高了资源的利用效率。

### （三）改善企业的环境行为，塑造企业形象

随着公众环保意识的加强和消费观念的转变，企业的环境表现已经成为评价其运营效果的重要指标。为了响应国家的环保法规，满足消费者对企业环保责任的期望，许多企业开始积极采纳逆向物流策略。这不仅减少了产品对环境的污染，还展现了企业对社会、对环境的责任感和担当。

### （四）完善企业质量管理体系，提高管理水平

现代企业的质量管理是一个闭环式的活动，包括计划、实施、检查和改进四个核心环节。而逆向物流正好处于检查与改进这两个环节之间，起到了一个承上启下的关键作用。当企业在处理退货过程中发现质量问题时，这些信息会通过逆向物流的信息系统及时反馈给管理层。这使得管理者能够在问题出现之前，对企业的质量管理体系进行持续的改进，从而从根本上消除产品的潜在问

题。产品和服务的质量是企业赢得消费者信任的决定性因素，从这一角度看，逆向物流为这一信任的建立提供了有力的支撑。

## 三、逆向物流管理的五大模式

逆向物流，即指商家通过第三方物流服务，将消费者手中的商品逆向送回商家的过程，其中物流费用由商家与物流服务商统一结算，此过程高度依赖双方强大的信息管理系统（ERP）的无缝对接，以确保流程的顺畅与高效。

### （一）构建与供应链紧密结合的逆向物流体系

在供应链网络框架内，构建与之紧密相连的企业逆向物流系统，已成为现代企业管理的重要策略。供应链管理的成功实践已经证明，它能在激烈的市场环境中显著提高企业的核心竞争力。企业的长久生存与发展，离不开供应链上每一个环节的高效协作，这包括上游的供应商、下游的顾客，以及企业自身。在这样的体系中，倾听并满足顾客的退货需求，就显得尤为重要。逆向物流，这个看似简单的退货过程，其实涉及多个环节和多个参与方，包括供应商、制造商、各级分销商以及终端顾客。任何一个环节的失误，都可能影响整个供应链的运行效率和客户满意度。因此，企业在实施逆向物流时，必须与供应链上的合作伙伴建立起良好的信任关系，通过契约式合作，共同确保逆向物流的顺畅进行。

### （二）正向物流与逆向物流的一体化管理

在实际的供应链管理实践中，物流活动通常呈现双向流动特性，涵盖正向物流（商品从供应商流向消费者）与逆向物流（商品从消费者返回供应商）两大环节。尽管逆向物流同样经历运输、加工、仓储、配送等步骤，但相较于正向物流，企业往往对其关注度和资源投入不足，易在两者发生冲突时牺牲逆向物流的利益。为有效整合资源，提升逆向物流管理效能，企业需采取一体化策略，同步规划正逆向物流，确保物资的双向顺畅流动。大型制造企业可通过自建逆向物流中心，集中处理废旧产品回收、拆解、处置及退货事务，构建起从回收到处理的闭环系统。该系统可基于现有物流架构升级，或独立构建，亦可创新性地将传统物流与逆向物流体系融合，实现资源共享与效率最大化。

### （三）横向联盟下的集中返品中心管理模式

面对逆向物流管理的复杂性与成本压力，集约化处理成为主流趋势。国际领先的跨国公司普遍在配送网络中设置集中退货处理中心，所有退货商品首先汇聚于此，经分类、评估、修复或处理后再分配至合适的目的地。返品中心的运作紧密遵循逆向物流信息系统指导，确保流程标准化与高效执行。鉴于国内多数企业规模较小，单独设立返品中心成本高昂，因此，通过企业间的横向合作共建共享返品中心成为可行之选。此外，行业协会在此过程中可扮演重要角色，促进同类企业间的协作，共同投资先进技术和管理方案，形成规模经济效应，以应对逆向物流的挑战，推动行业整体水平的提高。

### （四）建立逆向物流联盟的管理模式

物流联盟，作为一种新型的合作模式，旨在通过企业间的紧密合作，达到比单打独斗更好的物流效果。这种模式下，企业间建立起深厚的信任基础，共同承担风险，分享合作带来的收益。在决定是否加入或组建逆向物流联盟时，企业需要综合考虑多方面因素。首先，潜在的联盟伙伴应与本企业在目的、运输产品和路线等方面具有较高的契合度。其次，企业需要对潜在伙伴的成本状况、长期发展潜力和市场信誉进行全面评估。通过这样的联盟合作，企业不仅能提高物流的灵活性和响应速度，还能通过规模经济效应，有效降低运输和仓储成本，从而提高整体竞争力。

### （五）采用逆向物流的外包管理模式

随着第三方逆向物流的兴起，越来越多的企业开始选择将逆向物流业务外包给专业的物流公司。特别是当企业的销售网络日益庞大、布局日趋分散时，设立自己的退货处理中心进行集中管理变得不再经济高效。此时，借助第三方物流公司的专业能力和规模效应，不仅能降低逆向物流成本，还能提高服务质量。对于众多规模较小的企业来说，投资建设逆向物流系统往往力不从心，因此第三方逆向物流服务显得尤为关键。对于大型企业而言，为了更专注于核心业务、形成自身的竞争优势，将逆向物流活动部分或全部外包，也成了一个明智的选择。

## 四、电子商务逆向物流管理

逆向物流作为连接企业与消费者的重要桥梁，不仅映射出企业的运营质量，还直接影响其品牌形象与市场信誉。在电子商务环境中，逆向物流管理的精髓在于采取前瞻性与回顾性相结合的策略，旨在预防和最小化不必要的逆向物流，同时高效处理不可避的逆流现象，以提高顾客满意度和企业效率。

### （一）优化网上交易环节，预防或减少逆向物流

为有效降低可避免的逆向物流，在线零售商必须完善和优化在线购物环节，减少逆向物流量，从源头减少退换货现象的发生。

**1．引入自助服务，前置逆向物流处理**

开发智能退换货系统，允许消费者在有退换需求时，通过系统输入相关信息，自动匹配最优解决方案，如商品问题的在线解决指南、自助换货申请等。这种自助式服务不仅简化了退换流程，减少了客服负担，还能有效减少 20% 至 40% 的退换货物流量，提高顾客满意度和物流效率。

**2．提高商品展示透明度，消除信息不对称**

为了从根本上减少因信息不透明导致的退换货，电商平台应致力于打造全方位、立体化的商品展示体系。这意味着除了确保商品描述准确无误、图片高清、服务条款明确外，还需融入更多交互元素，如 3D 旋转展示、视频介绍、实时问答等，让顾客在指尖即可全面了解商品性能、外观设计和独特卖点，从而做出更为理性的购买决策。

**3．增强互动体验，缩小线上与线下差距**

对于体验敏感型商品，如电子产品和服饰，应创新在线体验方式。例如，提供在线个性化配置工具，让消费者在购买前就能预览定制化产品的外观和功能；建立虚拟试穿 / 试用系统，模拟真实的试穿体验，帮助顾客做出更贴近实际需求的选择，减少因尺寸、颜色等因素导致的退货。

除此之外，企业还需加强逆向物流入口管控，从源头上加强管理，通过定期对销售人员进行退货政策和客户服务技巧的培训，确保前端销售环节的严谨性。同时，建立严格的退换货审核机制，对所有回流商品进行初步筛查，剔除非合规或无明显问题的退货请求，从源头减少无效逆向物流的发生，维护物流资源的有效利用。

4．强化购买决策理性，遏制冲动消费

电商平台应采取一系列策略，帮助顾客在购买前进行深思熟虑，减少冲动消费引发的退货。这包括在页面显著位置提供详尽的退换货政策说明，设置“冷静期”，允许用户在下单后一段时间内无理由取消订单；开发商品对比工具，辅助消费者多维度比较，确保选购最适合自己的产品；甚至引入“购物车冷静期”功能，促使顾客在最终确认购买前再次确认需求，进一步降低非理性购买行为。

## （二）构建健全的退换货管理流程，优化逆向物流管理效能

面对难以避免的退换货逆向物流情况，企业应采纳积极的退换货策略，并在实操层面加快退换货的处理进度，选择恰当的返品处理方式也至关重要。

1．采纳并落实积极的退换货政策

为了平衡供应商和零售商之间的利益关系，并达到整体最优，企业首先需要制定公平合理的退货价格机制。例如，可以按照原批发价全额退款，或者根据批发价给予一定折扣来确定退货价格。这样的定价策略旨在确保退货政策的公平性和灵活性。此外，确定一个最佳的退换货比率也是关键。企业可以通过在发货时提供一定的数量折扣或价格折扣，与合作伙伴共同协商确定这一比率。这样做不仅有助于降低退换货逆向物流的不确定性，还能在成本和收益之间找到一个更好的平衡点。

2．构建高效的逆向物流信息系统

一个设计精良的逆向物流计划，其成功与否在很大程度上依赖于有效信息的收集。这些信息对于追踪成本、管理退货流程至关重要。一个健全的逆向物流信息系统不仅能为公司赢得信誉，改善现金流管理，还能帮助企业发掘新的利润增长点，并提高客户的满意度。一个功能完备的逆向物流信息系统应具备以下特点：首先，它要能对退货信息进行细致的分类处理，能够追踪并记录每次退货的具体原因，为最终的处理方案分配一个独特的编码，例如设立专门的退货原因代码和处置代码，从而实现对退货商品的实时追踪和评估。其次，系统应基于 EDI（电子数据交换）技术进行设计，以确保制造商和销售商之间退货信息的顺畅交流与共享。这样，双方可以随时查询所需的信息，进而提高退货的处理速度，使退货能在最短的时间内得到有效分流，从而大幅降低库存成本和运输成本。

3．精细处理返回的商品

对于那些虽然缺乏最新功能但仍然可以正常使用的商品，企业应及时将它

们入库，以备在更新或升级后再次使用。对于仍在保修期内的返回商品，企业需要在综合比较维修成本和新建成本的基础上，做出直接调换或集中整修后另行销售的决策。同时，对于返回的状态良好的零部件，应整理入库以供后续维修使用；也可以通过专门的二手零部件销售渠道进行处理。最后，对于那些质量、包装状态均保持良好的返回商品，企业应及时进行再次销售，以减少库存积压，快速回笼资金。通过这些精细化的处理措施，企业能够最大限度地减少浪费，提高资源利用效率，并进一步优化逆向物流的管理流程。

**4. 设立集中的退货处理中心（CRCS）**

集中的退货处理中心（CRCS）在逆向物流中扮演着关键角色。它作为一个集中设施，负责处理逆向物流渠道上的所有退货产品。这些退货在 CRCS 进行分类、处理，随后被分发到它们的下一个目的地。CRCS 的运作使得退货能够得到快速且高效的处理，它不仅显著改进了退货处理的流程，还降低了库存水平，提升了库存周转率。在处理退货的过程中，还培养了目标一致、经验丰富的专业团队，从而进一步提高了整体的运营绩效。目前，越来越多的零售商和制造商开始认识到 CRCS 的价值。与传统的退换货流程相比，基于第三方的集中退货中心无须企业自行建立退换货仓库，顾客也无须将退换货商品直接运送到在线商家。这种方式不仅大幅减少了运输费用，还缩短了退换货的周期，显著提高了退换货的处理效率。

# 第三节　低碳物流

## 一、低碳物流理念的兴起与实践

在全球气候变暖的严峻挑战下，人类生存环境的恶化引起了广泛的关注，这加速了“低碳经济”概念的全球推广。低碳经济，作为减少能源消耗、降低环境污染和温室气体排放的新型发展模式，正引领一场全球性的“低碳革命”。该理念旨在通过创新技术、产业结构调整和新能源的开发利用，转变传统的能源消耗模式，减少对煤炭、石油等高碳能源的依赖，实现经济增长与环境保护的双重目标。其实质在于提升能源利用效率，构建清洁的能源体系，并以创新的制度和观念变革为核心动力。

在此背景下，物流行业也开始积极探索与实践低碳经济理念，催生了"低碳物流"的新概念。尽管目前对低碳物流尚无统一定义，但普遍认为，低碳物流是在全球气候变化的大背景下，结合科学发展观、低碳经济理论及物流管理实践，旨在通过节能减排措施，减少物流活动对自然环境的负面影响，降低资源消耗，并利用现代科技手段，全面规划和实施物流活动，追求绿色与高效的双重目标。低碳物流不局限于物流作业的具体环节，而是贯穿于物流管理的全链条，强调物流活动全程的低碳化。

低碳物流的实践可从政府、企业和个人三个层面进行划分，形成低碳社会物流、低碳企业物流和低碳住户物流三大领域。其中，政府主导的低碳社会物流侧重于宏观政策制定与监管，企业层面的低碳物流则聚焦于企业内部物流流程的优化与减排，而住户物流则关注个人消费行为的低碳化。本节重点探讨的是低碳企业物流，即企业在其物流活动中如何实施节能减排，推动绿色供应链管理，促进企业可持续发展。

绿色物流与低碳物流密切相关，但其范畴更为宽泛。根据国家标准《物流术语》（GB/T 18354—2021）的界定，绿色物流涉及物流活动的全链条，包括运输、储存、装卸、包装、流通加工、配送及信息处理等环节，旨在通过优化物流资源利用、采用先进的物流技术与方法，全面减少物流活动对环境的不良影响。简言之，绿色物流不仅关注碳排放的减少，还包括更广泛的环境保护和资源节约目标，是低碳物流的扩展与深化。

## 二、低碳物流的特征

低碳物流，作为现代物流发展的一个重要方向，具有其独有的特征，这些特征反映了低碳物流在环境保护、资源节约以及可持续发展方面的核心理念。

### （一）整体性：系统优化的视角

低碳物流系统不仅关注各个物流环节的具体操作，更注重整个物流系统的优化与协同。它强化了基础服务平台的建设，并注重各个子系统之间的相互衔接、相互联系、相互依赖和相互作用。这种整体性的视角使得低碳物流能够形成一个有机的整体，提高物流效率，降低物流成本，从而实现物流行业的可持续发展。虽然物流的实质没有发生改变，但低碳物流通过引入新理念、新技术，改变了物流的形式，使其更加符合绿色、低碳的发展要求。

### （二）多目标性：综合效益的追求

低碳物流系统不仅关注物流活动的经济效益，更致力于实现环境、社会和经济的综合效益。它明确以先进的管理理念和物流技术为指导，旨在减少资源消耗、降低污染物排放，从而确保物流活动不对环境造成危害。这种多目标性体现在，企业的物流活动不仅要顺应可持续发展的战略目标，还要在生态环境保护和资源节约方面发挥积极作用。低碳物流追求的是低能耗、低污染、低排放，努力实现企业经济效益、消费者利益、社会效益与生态环境效益的和谐统一。

### （三）双向性：正向与逆向物流的并行

传统物流往往只关注从生产到消费的单向流动，忽视了物流过程中产生的废弃物和旧产品的回收处理，这不仅造成了资源浪费，还加剧了环境污染。低碳物流则强调物流活动的双向性，即正向低碳物流与逆向低碳物流的并行。正向低碳物流通过生产、流通、消费途径满足消费者需求，而逆向低碳物流则负责合理处置物流过程中产生的衍生物，如回收、分拣、净化、提纯以及废弃物处理等。这种双向性的物流模式有助于实现资源的循环利用，减少环境污染，从而推动物流行业的绿色发展。

### （四）效益背反性：平衡与取舍的艺术

低碳物流在追求环境效益的同时，也面临着与其他效益之间的背反关系。这种效益背反性体现在，一方面降低碳排放、减少环境污染的选择会降低环境成本；另一方面，这往往需要以增加低碳技术的投入为代价。例如，为了降低运输过程中的碳排放，可能需要采用更环保但成本更高的运输方式或技术。因此，低碳物流需要在环境效益与经济效益之间进行平衡与取舍，以实现整体效益的最大化。这种效益背反性正是低碳物流发展过程中需要面对和解决的重要问题之一。通过科学合理的规划与管理，低碳物流可以在保护环境的同时，促进经济的可持续发展。

第六章

# 电子商务物流系统的新发展——冷链物流

## 第一节　电子商务冷链物流

随着电子商务的蓬勃发展，其经营品类也在不断增加。如今，农产品、生鲜食品、冷冻食品以及冷链药品等纷纷成为电子商务物流的重要运输对象。鉴于这些商品的特殊性，低温和冷链的运输与配送方式变得至关重要，成了电子商务物流不可或缺的基础设施组成部分。

### 一、冷链物流的基本概念

冷链物流，这个术语通常指的是冷藏冷冻类食品从生产、贮藏、运输到销售，直至消费前的所有环节中，都需要维持在一个规定的低温环境下。这一系列的流程构成了一个复杂的系统工程，旨在确保食品质量并最大限度地减少损耗。它建立在冷冻工艺学的基础之上，并依赖制冷技术作为实现低温物流的主要手段。

冷链物流在食品行业中有着广泛的应用，对保障食品质量安全具有至关重要的作用。首先，通过冷链物流，食品的保鲜能力得到了显著提升，存储期限也得以延长，从而更好地满足了消费者对新鲜食品的需求。其次，在整个流通过程中严格控制食品温度，可以有效减缓食品的腐败速度，进而减少产品的损耗量。最后，冷链物流还能提供一个封闭、恒温的装卸、储存和运输环境，为食品的安全输送提供了坚实的保障。

冷链物流是一个系统性工程。可以细分为以下七个主要组成部分。

**1. 冷链仓储服务**

这一环节主要用于生鲜农产品的储存与保管，通过专业的仓库管理来维护产品品质。

**2．温控保温冷库**

这类冷库能对储藏物品的湿度和温度提供精确的保障，包括恒温恒湿冷库，确保存储环境稳定可靠。

**3．冷链传输系统**

在恒定的温度下，利用特定的传输机械设备和器具，对生鲜农产品进行分类、拣选和包装，确保在整个传输过程中产品始终保持适宜的温度。

**4．冷链装卸操作**

在装卸冷链货物时，需要进行严格的温度检测和监督。冷藏和冷冻物品的卸货时间需遵守严格规定，卸货车辆和仓库都需要进行密封处理，以防止温度变化对产品造成影响。

**5．冷链运输网络**

冷链运输是指在整个运输过程中，无论经历怎样的环节变更，货物都能维持在一定的温度范围内。这种运输方式可以是公路、水路、铁路或航空运输，也可以是这些运输方式的综合应用。

**6．冷链信息化控制系统**

信息技术在冷链物流中发挥着神经中枢的作用。通过信息采集、跟踪、传输、交换和处理等关键技术，实现对企业资源的全面协同管理，有效降低冷链物流的成本。

**7．冷链检疫检验程序**

为了确保进口食品的安全与卫生，需要建立一套规范有序的食品检疫检验工作流程。这包括对运输量大、距离远和污染风险高的运输工具进行专门管理，做好清洁、消毒等常规卫生处理工作，并实施冷链物流的实时监控与温度记录。

## 二、电子商务冷链物流的特点

随着电子商务全面进入至各个领域，对专业化的冷链物流服务需求日益激增。新鲜食品与医药产品的质量保障和安全运输，凸显了电子商务冷链物流体系的几个核心特质。

### （一）复杂性深化

电子商务冷链物流体系构建于“3T 原则”之上，即温度（Temperature）、时间（Time）和耐受性（Tolerance）的精密调控。每一种易腐商品对存储环境的温度与时间限制各异，要求冷链物流不仅要实现高度个性化的温控管理，还需实时监控商品的耐储条件，这无疑极大提升了物流操作的复杂层次，使之成为一个涉及广泛、细节繁多的系统工程。

### （二）协同一致的重要性

鉴于生鲜商品的脆弱特性，冷链物流的每个环节——从最初的生产加工、仓储，到运输、分拣乃至最终的配送——都需无缝对接、紧密协作，确保连续性，避免任何可能导致“断链”情况的发生。这种全链条的协同不仅考验着物流的即时响应能力，也强调了跨部门间高效沟通与策略配合的必要性。

### （三）高昂的成本投入

为了确保易腐品全程保持在适宜的低温环境中，冷链物流依赖于昂贵的基础设施，如低温仓库和专业冷藏运输工具，其建设和运营成本远超常规物流设施（约为 3 ～ 5 倍）。此外，电子商务平台为提升客户体验，采用恒温或冷藏配送车辆，进一步提高了成本，使冷链物流成为资金密集型的高端物流服务。

### （四）高新技术的集成应用

冷链物流是高科技与物流管理的深度融合，涵盖了先进的制冷技术、保温材料，以及精确的温度监控与管理信息系统。特别是 RFID 技术的运用，通过植入温度传感器，实现实时温度跟踪与记录，确保货物在运输过程中的温控精确无误。此外，高效的供应链管理信息系统对于提高整体物流效率、实现商品可追溯性至关重要。

### （五）严格的作业标准

冷链物流作业面临高难度挑战，需依据不同商品特性和品质要求，设定精细的温度控制与存储时间规范。任何温度波动或超时存放都可能对商品质量造成不可逆损害，因此，从入库、存储到出库的每一个步骤都需严格遵循高标准操作程序，确保作业精确无误。

### （六）严苛的法规遵从

鉴于冷链物流直接关联到公共健康安全，相关法律法规对此制定了严格的标准，如《中华人民共和国食品安全法》明确规定食品冷链物流过程中必须维持全程低温控制，确保食品安全无虞。这要求物流企业不仅要具备专业的硬件设施，还需拥有完善的管理体系、信息技术支持及合规的运营资质，以满足日益增长的安全监管要求。

## 三、电子商务冷链物流的分类

电子商务冷链物流可按冷链物流的环节和物品品类划分，见表 6-1 所示。

表 6-1　电子商务冷链物流分类

| 分类依据 | 类型 |
| --- | --- |
| 按照物品品类划分 | 生鲜食品冷链物流 |
| | 冷藏药品冷链物流 |
| | 冷冻食品冷链物流 |
| 按照冷链物流的环节划分 | 控温贮藏 |
| | 冷藏加工 |
| | 冷藏运输 |
| | 冷藏配送 |

### （一）按照物品品类划分

#### 1．生鲜食品冷链物流

在电子商务平台，生鲜食品是极其关键的销售品类之一，并且电商平台正在积极扩展这一领域。此类商品包括易腐新鲜农产品如新鲜果蔬、海产品及肉类等。由于这些商品的保鲜期较短且在运输过程中容易损坏，其品质受到物流条件的重大影响，因此对冷链物流的要求特别严格。通常，生鲜食品适合短途的冷链配送，并需要利用具有恒温或低温功能的运输和储存设施。

2．冷藏药品冷链物流

为了维持药品的品质和有效性，需要在特定的温度条件下进行存储和运输。随着电商产品类别的增加，冷藏药品已成为电商平台上的重要商品。这要求商家必须拥有基本的冷藏设施，比如冰箱和冷藏柜等。同时，在整个物流配送链中也必须保持一定的温度范围，这对电子商务的冷链物流提出了更高的标准。

3．冷冻食品冷链物流

冷冻食品涵盖广泛的产品，主要包括需要在－18℃下保存的食品，如各类冷冻肉品、加工肉制品、冷冻面点以及冰激淋等。这类商品对冷冻环境有着严格的要求，在整个运输和储存过程中都必须保证不发生解冻，否则会严重影响产品的品质。因此，对于冷库设施、冷藏设备的需求较高，通常需要使用专业的冷冻柜和冷藏车等设备来确保食品保持在适宜的温度下。

### （二）按照冷链物流的环节划分

冷链物流是一个综合性的过程，涵盖了从产品储存到最终配送到消费者手中的所有环节。

1．控温贮藏环节

这一环节主要是指在仓库中对商品进行储存。涵盖了食品的冷藏、冻藏，以及对于果蔬的气调贮藏技术。为了确保这些食品在储存期间的新鲜度和质量，会使用到各类冷藏库、冷藏柜、冻结柜以及家用冰箱等冷链物流所必备的基础设施。

2．冷藏加工环节

在商品准备进入市场销售之前，经常需要进行一些简单的加工处理。这包括肉类、鱼类和海鲜类的冷却与冻结处理，以及对果蔬进行预冷，或是加工成各种速冻食品等。这一环节对于确保食品在销售前达到最佳的保存状态至关重要。

3．冷藏运输环节

当食品需要从生产地运送到销售点时，就会涉及中、长途的冷藏运输以及区域内的配送服务。在这个过程中，铁路冷藏车、冷藏汽车、冷藏船以及冷藏集装箱等专业的低温运输工具扮演着关键角色。值得注意的是，在冷藏运输过程中，温度波动是导致食品质量下降的一个重要因素。因此，所使用的运输工具不仅需要能够维持规定的低温环境，还要能够有效防止温度的大幅波动，尤其是在进行长距离运输时，这一点显得尤为重要。

4．冷藏配送环节

这是指商品从商家的仓库最终配送到消费者手中的过程。由于许多商品需要持续冷藏或冷冻，因此这一环节会大量使用低温或恒温配送车，或者采用专门的冷藏包装来进行配送，以确保冷链商品在整个配送过程中都能维持其质量和新鲜度。这一环节对于满足消费者对新鲜、高质量食品的需求至关重要。

## 四、电子商务冷链物流的适用领域

电子商务冷链物流，作为现代物流体系中的重要一环，主要为电子商务企业提供专业化的服务。其适用范围广泛，不仅覆盖了农产品的全流程冷链管理，还包括了加工食品和特殊商品的冷链物流需求。下面，我们将详细探讨电子商务冷链物流在初级农产品、加工食品和特殊商品三大领域的具体应用。

### （一）初级农产品：保持新鲜与品质

初级农产品是冷链物流的主要服务对象之一。这类产品从田间到餐桌的每一个环节，都需要精确控制温度和湿度，以确保产品的新鲜度和品质。冷链物流在这方面发挥着至关重要的作用。

我们日常生活中常见的蔬菜和水果，如胡萝卜、西兰花、苹果和橙子等，都是冷链物流的重点服务对象。这些果蔬在采摘后依然保持着生命活力，通过呼吸作用消耗自身的营养成分。冷链物流通过提供稳定的低温环境，能够有效减缓这些生命活动，延长果蔬的保鲜期，让消费者能够品尝到更加新鲜、营养丰富的产品。

此外，肉类、禽蛋、牛奶和水产品等也是冷链物流的重要服务对象。这些产品含有丰富的蛋白质和水分，是细菌滋生的理想环境。因此，在运输过程中必须保持低温环境，以抑制细菌和病毒的繁殖，降低食品污染的风险。冷链物流通过精确控制温度和湿度，确保这些产品在整个运输过程中都处于安全的状态。

除了上述产品外，花卉产品也是冷链物流的服务对象之一。花卉在运输过程中需要保持低温环境以延长其保质期和防止花蕾脱落。通过冷链物流的精确控制，可以确保花卉在长途运输后依然保持鲜艳夺目。

### （二）加工食品：确保品质与口感

冷链物流不仅适用于初级农产品的运输，还广泛应用于加工食品的运输领域。加工食品在生产过程中已经进行了一定程度的处理，但依然需要保持稳定的温度和湿度环境来确保产品的品质和口感。

冷冻食品，如速冻饺子、汤圆和冰激淋等，是冷链物流的常客。这些产品在生产过程中已经进行了快速冷冻处理，以保持其原有的口感和品质。在运输过程中，冷链物流通过提供稳定的低温环境来确保这些产品不会因温度波动而融化或变质。

冷藏食品，如包装熟食、酸奶和黄油等，同样需要冷链物流的保驾护航。这些产品在常温下容易变质，因此必须在整个运输过程中保持低温环境。冷链物流的精确控制能够确保这些产品在到达消费者手中时依然保持最佳的品质和口感。

值得一提的是，除了上述的加工食品外，还有许多其他类型的加工食品也适合冷链物流运输。这些产品包括但不局限于加工肉类制品、豆制品和奶制品等。冷链物流的广泛应用为这些产品的品质保障提供了有力的支持。

### （三）特殊商品：满足特定需求

除了初级农产品和加工食品外，冷链物流还广泛应用于特殊商品的运输领域。这些商品因其特殊的性质或用途而需要特定的储存和运输环境。

其中最具代表性的就是需要冷藏的药品。这类药品一般需要保持低温的储存环境以确保其有效性和安全性。冷链物流通过提供精确的温度控制和稳定的运输环境来满足这些药品的特殊需求。这不仅确保了药品的品质和疗效，也为患者的健康提供了有力的保障。

## 第二节　电子商务冷链物流的市场分析

国内形成了完备的冷链物流行业产业链，从制造、运输仓储到应用环节，各部分紧密相连，共同构成了一个高效运作的整体。电子商务的蓬勃兴起，尤其是生鲜电商市场的爆发式增长，对冷链物流的需求日益增加，促进了该行业的多样化发展，吸引了大量物流企业的关注与参与，创新了电子商务冷链物流的业务模式。

## 一、冷链物流市场发展概览

我国冷链物流市场已迈入成熟阶段，产业链完整覆盖了上、中、下游各个环节。冷链物流环节构成，如图 6-1 所示。

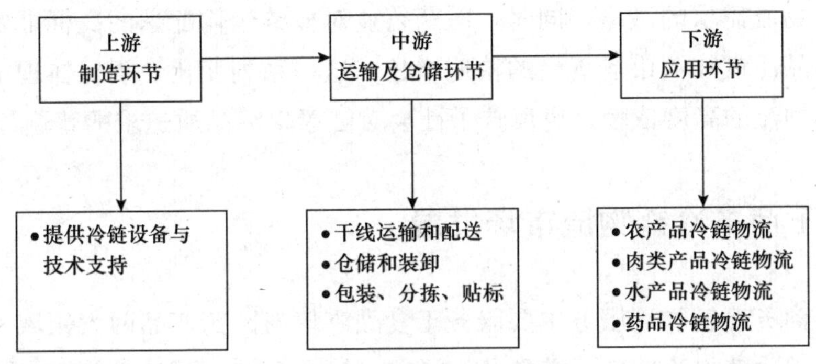


图 6-1 冷链物流环节构成

### 1. 冷链物流上游产业已经相当成熟，并且显示出高度的行业集中性

产业链的上游主要是冷藏设备的制造及其技术支持。冷藏设备作为特种装备制造的一部分，具有较高的技术门槛，导致了行业的集中度相对较高，同时也意味着该领域的发展已经相当成熟。举例来说，大连冷冻机股份有限公司生产的冷冻冷藏设备在便利店中得到了广泛应用，并已与盒马鲜生、京东、金时便利、罗森便利等知名客户建立了有效的合作关系。另一家公司，青岛海容商用冷链股份有限公司，主营冷藏商用展示柜，其产品已渗透到冷饮、速冻食品、啤酒、饮料、乳业以及连锁超市等多个下游行业。而冰轮环境技术有限公司则专注于低温冷冻设备制造、应用系统集成以及工程成套服务，为食品冷链、物流、医药等行业提供广泛的服务。

### 2. 中游冷链物流行业发展迅速

冷链物流的中游部分，即运输与仓储环节，近年来发展迅猛。运输作为价值创造的核心，占据了产业链价值的半壁江山，而仓储和其他增值服务（如包装、分拣、标识等）同样贡献显著。互联网经济的蓬勃发展，特别是生鲜电商的爆炸性增长，成为中游冷链物流快速扩张的重要推手。据统计，截至2022年，中国冷链物流市场规模已达到6371亿元，且随着政策支持与行业标准的不断完善，冷链物流正步入规范发展轨道，朝向智慧化、绿色化、标准化转型，力求弥补现有短板，构建现代化冷链物流体系。

#### 3．下游冷链物流需求增长迅速

冷链物流的下游应用端，市场需求的增长尤为显著。随着国民收入水平提升和食品安全意识的觉醒，消费者对食品品质的要求从基本的温饱转向了追求健康与营养，对农产品、乳制品、肉类制品等食品安全的关注度空前提高，驱动了冷链物流需求的激增。同时，医药行业对冷链运输配送的高标准要求，也促进了药品冷链物流市场规模的快速增长。这一系列变化，不仅体现了下游市场对冷链物流的高度依赖，也反映了社会对健康生活品质追求的普遍趋势。

## 二、电子商务冷链物流市场发展

电子商务冷链物流服务主要服务于食品零售与医药产品两大领域，其核心活动集中于冷链物流的中下游环节，涵盖运输、仓储、配送等关键步骤，对保障商品品质与安全起到至关重要的作用。

### （一）生鲜冷链物流加速崛起

近年来，随着生鲜电子商务市场的蓬勃扩张，电子商务冷链物流领域也随之快速增长。网经社电子商务研究中心发布的《2022年度中国电子商务市场数据报告》显示，2022年生鲜电商市场规模约5601.4亿元，同比增长20.25%。消费者对生鲜电商平台的信任与依赖度持续增强，进一步推动了对高品质冷链物流服务的需求。

#### 1．医药冷链物流增长迅速

据中物联医药物流分会最新发布的《中国医药物流发展报告》显示，2022年我国医药物流行业的总交易额高达2988.3亿元，其中，需要冷链运输的药品市场规模也持续保持较高的增长速度。药品在流通过程中，必须全程保持冷链运输，因为一旦在运输过程中出现温度波动，就可能导致药品质量受损，产生无法挽回的后果。目前，顺丰、生生物流、京东等知名企业已经在不同程度上涉足医药冷链物流领域。同时，原有的物流巨头如国控集团、华润集团等也在加强物流配送中心的建设，并积极布局冷链配送业务。这些企业的加入和参与，无疑为医药冷链物流的进一步发展注入了新的活力。

2．电子商务冷链物流企业多样化

随着电子商务的蓬勃发展，越来越多的物流企业开始进军电子商务冷链物流市场，使得这个领域的企业呈现出多样化的特点。目前，电子商务冷链物流企业可以大致分为以下三类。

首先，像阿里巴巴、京东、抖音商城、苏宁易购等实力雄厚的大型电商平台，凭借其庞大的订单量和强大的数据支持，已经自建了冷链物流系统，从而实现了对冷链物流配送环节的全面掌控。这种全方位的控制和管理使得冷链物流成为推动这些电商平台持续发展的重要力量。以京东为例，其冷链物流在2019 年正式启用了“武汉亚洲一号”生鲜仓库，并推出了冷链自提柜“鲸鲨”品牌，其冷链仓库的日均订单处理能力高达百万件。

其次，顺丰、中通、圆通等快递行业的领军企业基于自身在物流运输网络上的深厚基础进行了冷链布局。这些企业利用自身完善的物流设施和网络，提供并不断完善冷链物流业务。以顺丰冷运为例，该公司在整合了原有的物流、电商、门店等资源后，为生鲜食品行业客户提供了一站式的冷运仓储、冷运干线、冷运宅配以及供应链金融等解决方案。顺丰冷运的食品仓和食品干线已经广泛开通运营，其专业的运输服务和高效的物流信息系统赢得了市场的广泛认可。

最后，还有一类企业是第三方供应链服务平台，比如鲜易供应链和九曳供应链等。特别是九曳供应链，作为国内领先的“一站式”智慧生鲜供应链服务平台，它致力于与生鲜供应链伙伴紧密合作并为他们赋能。九曳供应链拥有国内自主研发的全品类生鲜仓储管理系统和专业的仓干配运营体系。通过建立去中心化的智慧冷链物流网络，九曳供应链已经成功服务于全球大量的生鲜电商和农牧渔食品企业，其中包括中国大部分的冰激凌品牌。

### （二）电子商务冷链物流运作模式

1．平台型模式

在当今冷链物流快速发展的大背景下，平台型模式仍然面临着资源信息不对称等散乱问题。为了解决这些问题，一些基于大数据、物联网技术和 IT 技术的平台型冷链企业应运而生。这些企业不仅提供物流服务，还融合了物流金融、保险等增值服务，构建了一个“互联网＋冷链物流”的冷链资源交易平台。例如，链四方物流等代表性企业通过这种模式，成功地提高了冷链物流的效率和透明度，降低了运营成本，为整个行业的发展注入了新的活力。

2．仓储型模式

这种模式核心在于提供低温存储服务，包括商品的冷藏、保管和转运。在这种模式下，冷库是最关键的基础设施。企业如太古冷链物流、中外运普菲斯以及上海郑明现代物流都是采用这一模式的典型代表，它们专注于为客户提供专业的低温货物存储解决方案。

3．供应链型模式

供应链型模式在冷链物流中扮演着举足轻重的角色。这种模式的核心是围绕一个主导企业，通过精细的管理信息流、物流和资金流，实现整个供应链从采购到终端消费的高效运作。在这一过程中，供应链不仅提供低温环境下的运输服务，还包括加工、仓储以及配送等一系列环节。最终，这些产品会通过一个广泛而精细的分销网络，快速地送到消费者手中。简而言之，供应链型模式是将供应商、制造商、物流服务商以及分销商紧密地连接在一起，形成一个高效、协同的功能网链结构。这种模式的优势在于能够有效地整合资源，提高运作效率，降低成本，从而为消费者提供更高品质的服务。

4．城市配送型模式

城市配送型模式专注于在城市范围内提供一体化的低温仓储与配送服务。这种模式在冷链物流领域非常普遍，主要面向超市供应商、超市配送中心、连锁餐饮配送中心和生鲜电商等客户群体。上海新天天低温物流和广州南极冷链物流便是两个运用该模式的成功案例。

5．电商型模式

电商型模式是近年来随着电子商务的蓬勃发展而兴起的一种新型冷链物流模式。主要是指生鲜电商企业为了提高自身服务质量，自主建设的冷链平台。这种平台除了满足企业自身的物流需求外，还可以为电商平台上的其他客户提供专业的冷链物流服务。顺丰冷运和京东冷链就是这一模式的典型代表。特别是京东，早在 2014 年就开始着手打造其冷链物流体系，并在 2018 年正式推出了京东冷链服务。京东冷链专注于生鲜食品和医药物流领域，凭借其强大的冷链仓储、运输和配送网络，以及先进的科技支持，构建了一个全流程、全场景的"一站式"冷链服务平台。这个平台不仅实现了从工厂到商家再到消费者的无缝对接，还确保了商品在整个流通过程中的品质和安全，为消费者提供了更加安心、便捷的购物体验。

**6．运输型模式**

运输型模式的企业主要致力于低温货物运输，涵盖长途干线运输及区域和城市配送服务。在中国冷链物流行业，按此模式运营的有双汇物流和荣庆物流等。荣庆物流是从传统物流转型而来，而双汇物流起源于企业内部物流部门，并随着企业的发展逐步成长为一家独立的物流企业。作为双汇集团的一部分，双汇物流的发展得益于其冷链物流的强大支撑，并且随着集团规模的不断扩张，其物流部门最终演变为一个成熟的物流企业。

**7．综合型模式**

综合型模式的企业不仅提供低温存储服务，还涉及干线运输和城市配送等多元业务。这类公司的业务范围比单一的冷链物流公司广泛，覆盖了从仓储到配送的整个流程。例如上海广德物流和北京中冷物流等公司，就是综合型模式的佼佼者。

# 第三节　电子商务冷链物流行业标准和硬件设备

电子商务时代的冷链物流业务增长不仅须遵循现行的国家级和行业级标准，还需要不断追求创新，制定新的规范以匹配电子商务与冷链技术的最新进展和市场的实际需求。同时，高质量的硬件设施是电子商务冷链物流有效和高效运作的基石。随着电商的蓬勃发展和科技的持续进步，支撑电子商务冷链物流领域的硬件设备也正经历着不断的创新和提升。

## 一、电子商务冷链物流行业标准

### （一）冷链物流主要国家标准

为保障冷链物流行业的规范运行，确保产品和服务质量，我国已经制定了一系列冷链物流的国家标准。这些标准涵盖冷链分类与信息管理、追溯管理、冷藏与冷冻食品物流等多个关键环节，对冷链物流基础设施的设计、建设以及整体运作管理提供了详细的操作指南，如图 6-2 所示。这些细致且全面的规定，无疑为电子商务冷链物流的科学、高效发展奠定了坚实的基础。

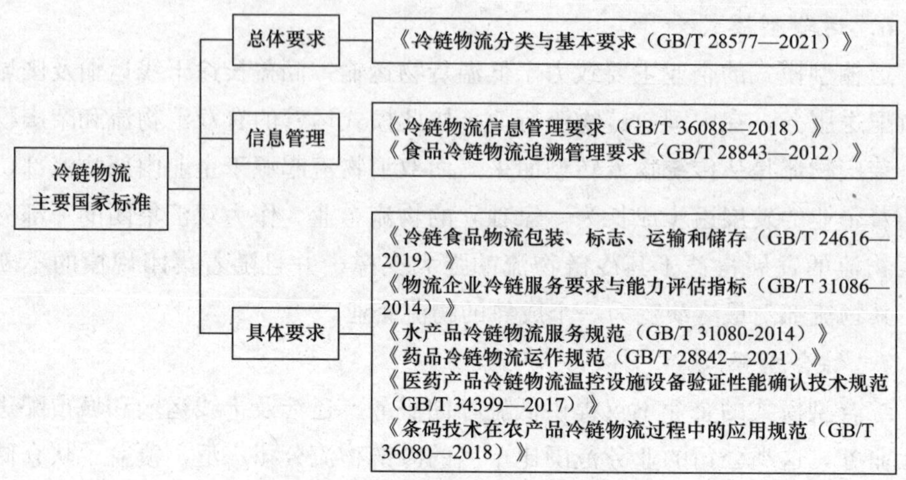


**图 6-2　我国冷链物流主要国家标准**

## （二）电子商务冷链物流的行业标准

在电子商务领域，冷链物流的特殊性显得尤为重要。为进一步规范这一领域的操作，2018 年，在我国电子商务交易保障的大背景下，《电子商务冷链物流配送服务管理规范》标准起草组应运而生，致力于制定适应电子商务特点的冷链物流配送标准。

经过深入研究和广泛征求意见，2020 年国家市场监督管理总局和国家标准化管理委员会联合发布了《电子商务冷链物流配送服务管理规范（GB/T 39664—2020）》国家标准。该标准从 2021 年 7 月 1 日开始正式实施，为电子商务冷链物流配送服务提供了明确的管理和操作指引。值得注意的是，这一标准主要应用于电子商务冷链物流配送服务提供方对配送作业服务的管理，并不适用于医药冷链物流配送。

这一国家标准不仅明确了电子商务冷链配送的定义——从配送站递送到消费者且全程保持商品所需温度的物流活动，还从多个方面对冷链物流配送提出了具体要求。

### 1. 信息管理方面的制度规定

（1）标准要求建立功能全面的信息管理平台。该平台应具备订单跟踪、实时温度监测、信息查询及客户反馈等核心功能，从而实现对单据、库存、运输和配送等各环节的全方位管理。这种集成化的信息管理平台，能够显著提高冷链物流的透明度和效率。

（2）为确保产品质量和安全可追溯，应建立完备的追溯管理制度和信息记录管理制度。这些制度要求能够清晰识别冷链货物与交付记录之间的关联，以便对货物配送的全过程进行有效评估，同时标准也强调了消费者数据的保护，严禁将相关数据泄露给第三方。

（3）在设施设备和包装材料方面，标准要求应满足收货、暂存、分发、配送等特殊作业的需求。所有的冷链物流配送作业设施设备，以及包装和温控材料，都必须符合相关的国家标准规定，确保在整个配送过程中商品的质量和温度控制。

（4）关于人员配备，标准要求配送员和配送站管理员应接受专业培训并持证上岗。此外，他们还需持有有效的健康证明，以确保在接触食品等敏感商品时的卫生和安全。

**2．作业流程方面的制度规定**

（1）在配送站的暂存环节，标准要求使用数据采集器等相关设备进行精确的扫描和清点工作，并在信息系统中实时核对订单信息。同时，货物的码放也需按照冷链货物的种类进行整齐排列，以确保货物在暂存期间的质量稳定。

（2）当配送员进行递送时，他们需要提前与客户进行联系，确认收货人、具体的收货时间以及收货地点等关键信息。在交付过程中，收货方式被细分为本人签收、委托代收、自提柜代存以及驿站代存等多种方式，以满足不同客户的需求。

（3）对于返件处理和商品撤回等特殊情况，标准也制定了相应的具体规定。这些规定旨在确保在出现问题时能够及时、有效地处理，最大限度地减少损失并保障客户的权益。

### （三）电子商务冷链物流标准制定的原则

在构建电子商务冷链物流标准的过程中，遵循以下六大核心原则尤为重要，以确保标准的实用性和前瞻性，如图 6-3 所示。

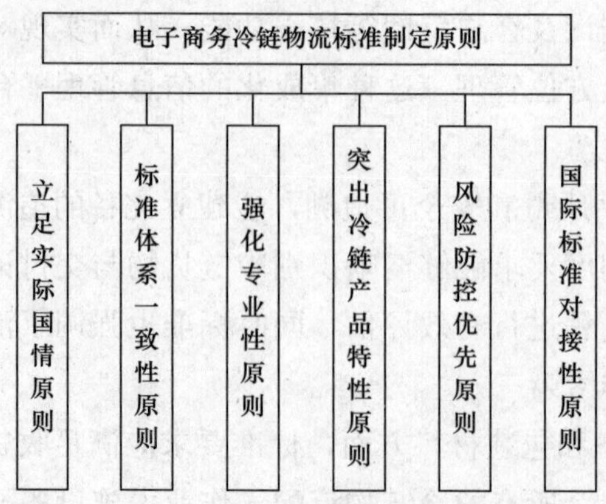


图 6-3　电子商务冷链物流标准制定的原则

1. 立足实际国情原则

标准的制定需紧密联系我国电子商务冷链物流的实际情况，广泛征询行业内领先电商、物流及包装企业意见，深入了解并反映业界现状。这一过程应体现服务导向，确保标准既符合行业需求，又能有效促进冷链物流的健康发展，提升整个行业的规范化水平。

2. 标准体系一致性原则

在制定标准时，要充分调研并参考现有的国家、行业及地方在冷链产品温控、运输、储存、流通加工、安全卫生、包装、配送服务等领域的既有标准，确保新标准在内容、术语、要求上与现有标准协调一致，吸收并整合优秀的行业标准和地方实践，促进标准体系的内部统一与外部兼容。

3. 强化专业性原则

鉴于冷链物流的专业性要求，标准需明确指出物流服务应满足不同冷链产品所需的温湿度环境条件，配备专业的设施设备及卫生条件，同时优化物流作业流程，包括集散、暂存、配送及异常处理等环节，以信息化系统为支撑，实现全链条的精细管理。通过提高人员素质、优化设施设备、加强信息系统建设和卫生管理，确保全程温控的有效性，提升客户对冷链物流服务的满意度。

4. 突出冷链产品特性原则

鉴于冷链产品具有高频率消费、生活必需、易腐变质、季节性强、保鲜要求高及温控严格等特点，标准应特别强调对这些特性的考虑。确保从生产到消费全链条遵循相关法律法规，特别是食品安全、环境保护及公共卫生标准，以保障消费者的健康安全，提高公众对冷链产品消费的信心。

**5．风险防控优先原则**

为确保冷链产品质量与安全，风险控制是标准制定不可忽视的环节。从生产源头到消费者手中的每一步骤都应纳入风险识别、控制和规避的框架中，利用现代信息技术，如温度监测、异常预警系统等，加强“最后一公里”配送的监控。同时，要求冷链物流服务提供商建立一套包括异常处理、人员培训考核、安全卫生及温度检测在内的风险管理体系，通过这些措施有效提高服务质量，最大限度地降低风险，确保冷链物流的稳定可靠。

**6．国际标准对接性原则**

鉴于美国、日本、欧洲等国家和地区在冷链物流领域已经建经立了成熟的标准体系，包括但不局限于产品温控、包装、存储、加工、运输、配送及售后服务等方面，我国在制定相关标准时应积极借鉴这些发达国家的先进经验。这意味着在确保国内企业适应性的同时，要以国际视角审视标准的技术要求，基于丰富的冷链物流实践经验，围绕操作模式、作业质量及流程标准，确保产品在冷链物流中的温控与安全性，从而提升国际竞争力。

## 二、电子商务冷链物流硬件设备

在电子商务的驱动下，成熟的冷链物流操作覆盖了产品从生产端到消费端的整个链条。这个完整的过程包括对产品的生产、加工、储存、销售等各个环节实施持续的低温控制措施，以确保产品的新鲜度和质量。具体而言，整个冷链过程可以划分为以下几个关键技术阶段。

第一，初始阶段采用先进的真空预冷和冰温预冷技术，确保产品在最短时间内达到所需的低温状态。

第二，存储环节利用自动化冷库技术，通过精确的温度控制来延长产品的保质期。

第三，在运输过程中，依赖冷藏车、铁路冷藏车厢以及冷藏集装箱的综合物流方案，确保产品在移动过程中的温度稳定。

第四，利用信息技术构建电子虚拟冷链物流供应链管理系统，实现对整个产品链的实时动态监控和管理。

目前，中国的企业在冷链技术上主要专注于储存和运输环节，而未来的发展将趋向于实现供应链管理系统的全面温度控制。与此同时，支撑这些冷链操作的硬件设施包括各类冷库、冷藏车辆、冷藏箱以及制冷自提柜等。这些硬件不仅是保证产品在整个供应链中保持低温的关键，也是电子商务冷链物流能够科学、高效发展的基础。随着技术的不断进步和市场需求的增长，这些硬件设备也在不断地进行创新升级，以满足日益严苛的冷链物流要求。

## （一）冷库

冷库，这一人造环境设施，通过先进的技术手段创造出与外部环境截然不同的温度和湿度条件。它不仅是食品、液体、化工原料、医药产品、疫苗以及科学试验材料等物品的理想贮藏空间，也在现代物流和仓储管理中扮演着举足轻重的角色。冷库常常选址于交通便利的运输港口或商品原产地附近，以便高效地进行物品的入库、存储和出库操作。

冷库被广泛应用于各种产品的恒温恒湿贮藏，包括但不局限于食品、乳制品、肉类、海鲜、禽类、新鲜果蔬、饮料、花卉、绿植、茶叶，以及药品、化工原料、精密电子仪器仪表、烟草和酒精饮料等。这些物品在冷库中得以保持其原有的品质和新鲜度，从而延长了保质期，满足了市场对高品质产品的需求。

### 1. 冷库的构成

一个完整的冷库主要由两大核心部分组成：制冷系统和库房。制冷系统是冷库的心脏，它通过高效的制冷设备来确保库内持续稳定的低温环境。而库房则相当于冷库的“外壳”，其设计和建造都致力于提供卓越的保温和隔热性能，以最大限度地减少制冷机组产生的冷量向外界泄漏。

在制冷系统的运作中，通常使用氨或氟利昂等汽化温度极低的液体作为冷却剂。这些冷却剂在低压和精确控制的机械条件下蒸发，能有效地吸收库内的热量，从而达到快速降温的目的。其中，压缩式冷藏机是最为常用的制冷设备，它由压缩机、冷凝器、节流阀和蒸发管等关键部件组成。根据蒸发管的安装方式，冷却方式可分为直接冷却和间接冷却两种，前者将蒸发管直接安装在库房内，通过液态冷却剂的蒸发直接吸收库内热量；后者则通过其他介质间接进行热量交换。

### 2. 冷库的结构种类

冷库，作为一种关键的低温保存设备，其核心功能在于维持稳定的低温环境，通常温度范围在 −30℃至 −10℃，以确保大量冷冻物品的长期储存。冷库的分类繁多，依据不同的标准，其类别也有所区别，这反映了冷库设计与应用的多样性与灵活性。

（1）从结构形态上看，冷库大致可分为两类：一是土建冷库，这类冷库通过传统的建筑方式建造，结构稳固，适用于长期使用需求；二是装配式冷库，采用预制构件现场组装，施工快捷，便于灵活部署与扩展。

（2）按使用性质来分，冷库主要分为生产性冷库和分配性冷库。前者侧重于食品加工、冷冻产品的制造环节，后者则专注于冷冻产品的分拣、包装及分销，服务于物流配送链的中转环节。

（3）规模是另一区分维度，冷库可被划分为大型、中型和小型。大型冷库具有庞大的储存容量，服务于大规模的冷冻需求；中型冷库适中，适用于区域性的物流中心；小型冷库则常见于超市、餐厅等，满足日常的冷冻保鲜需求。

（4）制冷剂的选择也是分类的一个重要依据，主要分为氨冷库和氟利昂冷库。氨作为传统制冷剂，适用于大型冷库，因其制冷能力强、成本较低；氟利昂则因环保、安全性高，更适合中小型冷库使用。

（5）根据库内温度要求，冷库分为高温库、低温库及冷藏库，分别对应不同的储存需求，如蔬菜水果的保鲜、肉类海鲜的冷冻保存等。

（6）从地理位置和功能定位来看，冷库还可以分为产地型和销售地型两大类。产地型冷库靠近农产品生产基地，侧重于初级产品的快速冷冻处理；销售地型冷库，如区域分拨型、城市配送型及市场型，位于消费集中区域，服务于商品的最后配送环节，缩短配送时间，保证商品的新鲜度。

冷库作为冷链物流体系中的基石，其重要性不言而喻，不仅是保证食品质量与安全的关键，也是冷链投资中的重头戏。2022 年，为进一步推动冷链物流的高质量发展，响应人民群众对高品质生活的需求，以及服务国家发展战略，交通运输部等多部门联合出台了《关于加快推进冷链物流运输高质量发展的实施意见》，强调优化冷链物流结构，提升服务效率，这无疑为冷库等冷链设施建设与发展提供了有力的政策支持，预示着冷链物流行业将迎来更加高效、绿色、智能发展的新时期。

### 3．冷库的存储物品种类

从存储物品的角度来看，电子商务冷链物流中的冷库主要用于存放食品类和药品类物品。食品冷库是专为食品的冷冻和冷藏而设计的建筑，其内部通过人工制冷技术维持恒定的低温环境。为了减少外界热量的侵入，食品冷库的地坪、墙壁和屋顶都会铺设具有防潮隔气和隔热功能的材料层。科学的管理和维护对于确保食品冷库的安全生产和延长其使用寿命至关重要。医药冷库则用于存储那些在常温下难以保存的医药产品。这类冷库通常将温度维持在 -5℃至 8℃，以确保药品在低温条件下不会变质或失效，从而有效延长药品的保质期。医药冷库不仅具有出色的冷藏保鲜功能，还以制冷速度快、功能齐全、节能环保等优点著称。此外，先进的低噪声进口谷轮制冷机组的应用，进一步提高了制冷效率，降低了能耗，使得医药冷库在保障药品质量的同时，也实现了经济效益的最大化。药品冷库如图 6-4 所示。

图 6-4　药品冷库

## （二）冷藏车

冷藏车，这一特殊类型的运输车辆，在人们的日常生活中扮演着维持各类货品新鲜度的重要角色。冷藏车并非普通的货车，而是一种经过特殊设计和改造的封闭厢式运输车。其核心功能在于能够持续维持货物所需的低温环境，确保货物在运输过程中保持其原有的新鲜度和品质。常用于运输冷冻食品（冷冻车）、奶制品（奶品运输车）、蔬菜水果（鲜货运输车）、疫苗药品（疫苗运输车）等。

**1．冷藏车的分类**

冷藏车可以根据不同的标准和需求进行分类。

（1）按底盘生产厂家：市场上的冷藏车可以根据其底盘的生产厂家来进行分类，如东风冷藏车、长安之星冷藏车、庆铃冷藏车等。这些车型主要基于各自厂家的底盘技术进行打造，具有各自的特点和优势。

（2）按底盘承载能力：冷藏车还可以根据其底盘的承载能力来进行分类，包括微型、小型、中型和大型。这种分类方式主要基于车辆能够承载的货物重量，从而满足不同规模和重量的货物运输需求。

（3）按车厢形式：冷藏车的车厢形式也是其分类的一个重要依据。常见的车厢形式包括面包式、厢式和半挂式。其中，厢式冷藏车在电子商务冷链物流中尤为常见，其大容量和稳定的温度控制能力使其成为这一领域的主力。厢式冷藏车如图 6-5 所示。

图 6-5　厢式冷藏车

### 2．冷藏车的四个核心特征

（1）密封性能：为了最大限度地减少与外界环境的热能交换，冷藏车的货柜必须高度密封以维持内部的低温环境。

（2）制冷能力：内置的制冷系统与货柜相连，持续提供冷气以确保货物的温度保持在所需的范围。

（3）快捷性：由于通常使用冷藏车运输的货物不宜长时间储存，因此即便安装了制冷设备，仍然需要快速送达目的地。

（4）隔热特性：虽然冷藏车的货柜在设计上类似集装箱，但是它们由具有优良隔热效果的材料制成，以减少热能交换。

冷库和冷藏车构成冷链物流的两个基本要素。尽管发达地区的冷库建设已趋向饱和，但冷藏车的总体容量仍相对较小。当前，我国的冷藏运输主要依赖公路系统，市场对于节能、轻便、小型化的冷藏车有着显著的需求。大多数大中型城市实施了限制货运车辆进入城市的交通管制措施。随着限行区域的不断扩大，大型城市的物流配送车辆面临难以有效进行冷链配送的挑战。在消费者对商品品质要求不断提高的背景下，从分销中心到消费者手中的“最后一公里”配送市场潜力巨大，尚待开发。适应城市配送特点的节能、轻型、小型冷藏车，是解决配送限制、确保食品品质的理想解决方案。

## （三）冷藏箱

冷藏箱作为一种高效保温的运输工具，在电子商务冷链物流中扮演着关键角色，其设计与功能的多样性满足了不同商品对温度控制的严格需求。冷藏箱的外壳平滑易于清洁，保温性能优异，且具有较强的抗摔打能力，尺寸与配置灵活多变，常与可循环利用的高科技冰袋搭配使用，以确保恒温效果，如图 6-6 所示。其主体结构采用高密度牛津布料，此材料环保耐用，保冷性能卓越，质地适宜，既轻便又安全无毒，是理想的环保材料。冷藏箱的闭合设计融入橡胶密封拉链，增强了密封性。

图 6-6 冷藏箱

冷藏箱按温度需求可细分为高温冷藏型、常温冷藏型和低温冷藏型，分别应对不同商品的保存条件。例如，医疗领域中某些药物需维持在极低温度下存储，此时就需要配备具备主动温度调控系统的冷藏箱，具备制冷、加热与温度监测功能，以确保存药效不受损。

冷藏箱根据储存物的差异，分为食品冷藏箱与药品冷藏箱两大类。药品冷藏箱在设计上需遵循严格的温度控制标准，确保药品安全；而食品冷藏箱，因直接接触食品，材质必选无毒环保，虽对温度控制不如医疗级冷藏箱精密，但在空间容量与保温时效性上进行了优化设计，旨在平衡成本与实用性。

冷链物流中冷藏箱的关键特性概括如下。

（1）耐用度：具备高强度耐冲击性，即使在重压或碰撞下也能保持完好，使用寿命长。

（2）耐温性：耐受极端温度变化，即便在沸水中消毒也不变形，确保卫生安全。

（3）保鲜效果：依据透湿度测试评价保鲜性能，优质冷藏箱的透湿度低，保鲜效果更佳，能显著延长食物新鲜度。

（4）密封性能：优秀的密封设计是冷藏箱的核心，确保食物新鲜。

（5）环保材料：采用食品级 LLDPE 材料，无毒、无异味，抗紫外线，色泽稳定，彰显环保理念。

（6）多功能性：冰袋可冷热两用，适应多种温度需求，尺寸可根据实际需要裁剪，展现高度灵活性。

然而，尽管冷藏箱在电子商务冷链物流中至关重要，尤其是在“最后一公里”配送环节，但因初期投资成本、物品配送的不确定性，多数电商物流企业在冷藏箱配置上尚显滞后。未来，随着技术的进步和成本的优化，以及消费者对食品安全意识的提升，冷藏箱在电子商务冷链物流中的应用有望迎来更广泛的发展。

### （四）制冷自提柜

制冷自提柜是一种融合了制冷、物联网技术、智能识别、动态密码以及无线通信等先进技术的新型设施，用于冷链物品的寄送与存储服务。它主要应用于电子商务在冷链物流末端配送环节，尤其是在业务量迅速增长和配送人力不足的双重挑战下，提供了一个有效的解决方案。社区的智能冷藏自提柜如图 6-7 所示。

图 6-7　社区的智能冷藏自提柜

通过部署制冷自提柜，配送人员可以将一个区域内散布多点的送货模式转变为集中式投递，实现快速放置货物即离开的便捷方式，从而降低了二次配送的成本。同时，这种自提柜的使用还有利于保障冷链物品的品质，进一步提高了电商企业的配送服务质量和效率。

作为一种特殊的商用制冷设备，制冷自提柜是电子商务物流快速发展的产物，具备许多独特的特性和要求，因此需要制定专门的生产和应用标准。基于中国国家标准《制冷陈列柜（GB/T 21001）》和行业标准《商用冷柜》（SB/T 10794），我国于2020年8月20日颁布了新的行业标准《制冷自提柜（T/CAR 4—2020）》。该标准对制冷自提柜的温度分级、户外环境适应性及相关试验方法进行了详细规定，为制冷自提柜的生产和应用提供了标准化的指导。

# 第四节　电子商务冷链物流的发展战略

## 一、电子商务为冷链物流带来的机遇

在新时代的洪流中，传统冷链物流模式面临着前所未有的挑战，无法完全适应当今市场对高效与性价比的双重追求。电子商务的迅猛发展，不仅重塑了消费模式，也为冷链物流领域带来了前所未有的机遇与变革动力。这一变革体现在两个主要方面：一方面，电子商务依托于互联网的广泛渗透与高新技术的不断迭代，为冷链物流的革新与升级提供了坚实的科技土壤。在以消费者需求为导向的新零售时代，如何高效协同供应链中的各个环节，实现从生产到终端的无缝对接，成为行业发展的关键。基于大数据分析的新零售技术，使得冷链服务商能够整合资源，优化流程，从产品的源头生产、加工处理、安全包装、高效运输直至最终销售，每一个环节都在向全渠道供应链管理转型，实现信息流、物流、资金流的高效合一。另一方面，电子商务与冷链物流的深度融合，激发了冷链物流企业的数字化转型与服务创新。线上线下融合的新零售模式，不仅缩短了产品从生产线到消费者手中的距离，减少了中间成本，还利用电子商务平台的智能化信息技术和大数据分析，实现了服务的精准投放与个性化定制，极大地提高了物流效率。这种模式不仅加速了冷链物流的发展步伐，更是从根本上改善了用户体验，提高了服务品质，满足了消费者对食品安全与新鲜度的更高期待。

## 二、电子商务冷链物流发展中存在的问题

### （一）农产品冷链物流基础设施不够完善

近年来，随着国家对冷链物流发展的高度重视，一系列扶持政策相继出台。2020 年中央一号文件特别指出，要支持建设骨干冷链物流基地，并通过中央预算内投资来推动这一进程。国家发改委也随之发布了关于开展首批国家骨干冷链物流基地建设的相关通知，进一步明确了政策方向和支持措施。

在这样的政策背景下，我国各地的冷藏库建设如火如荼地进行，不仅有国家级的冷链物流基地拔地而起，还有众多省市级的大型冷链物流中心以及针对农产品产地的区域性仓储冷链物流设施项目在紧锣密鼓地推进。从整体趋势看，全国冷库的总体积正逐年稳步上升，冷藏车的数量也在逐年增加，显示出冷链物流行业的蓬勃发展态势。

然而，尽管建设进度喜人，但当前我国冷链设施供给能力仍然不足。与冷链物流发达国家相比，我国的人均冷库容量有着显著的差距。冷藏车在所有货运车辆中所占的比例也偏低，这表明我国在冷链运输方面还有巨大的提升空间。

另外，从地域分布的角度来看，我国冷库的供应情况存在显著的地区差异，供需之间的不平衡问题十分突出。一方面，许多地区对冷库的需求旺盛，但供应却相对紧张；另一方面，部分地区的冷链设施却出现了闲置现象。

在冷库的类型方面，我国目前的低温库占比最高，主要用于畜肉类、水产和果蔬的储存，而其他类型的冷库则相对较少。值得一提的是，不少国有大中型冷库的库龄较长，设施和设备已经显得陈旧，利用率也不尽如人意。

### （二）第三方产品冷链物流发展缓慢

我国冷链物流行业在国家标准《物流企业冷链服务要求与能力评估》（GB/T 31086—2014）的指导下，明确区分了农产品冷链物流服务企业为运输型、仓储型和综合型三大类，并设置了从五星到一星五个级别的服务能力评估体系。然而，行业现状显示，除了这些传统分类之外，还涌现出了配送型、供应链型、电商型以及结合“互联网 +”的冷链物流等新兴模式，这些企业规模较小，服务质量参差不齐，且地域分布极不平衡，主要集中在华东、华南、华中等经济较发达区域，而西部、北部等地区则明显不足。此外，市场上多为第一方和第二方自营型冷链物流企业，它们往往仅覆盖核心城市区域，仅在边缘或未及之地才会与第三方合作，导致第三方冷链物流企业多为规模较小，难以涉足低温仓储、干线运输等综合性业务，增值服务有限，地区影响力弱，核心竞争力不强，难以匹配农产品冷链物流的快速发展需求。

### （三）冷链物流标准化和信息化建设薄弱

随着数字技术的推进，冷链物流的环境有所优化，虽然高标准的 HACCP（危害分析与关键控制点）和 GMP（药品生产质量管理规范）受到重视并在推广，但实际应用仍面临挑战。冷链物流信息化设备的智能技术在促进作业效率提升的同时，也暴露了诸多问题。

首先，围绕生鲜产品的全链条质量控制体系在中国尚处于起步阶段，冷链物流的操作规范和标准体系正在构建和完善之中，产品在流转过程中的安全监控和质量衡量有效性亟待加强。

其次，尽管冷链物流的数字化转型被视为行业未来趋势，但实际推进中遭遇观念滞后这一最大障碍。多数企业冷链物流的信息化管理水平较低，缺乏有效的信息收集、处理和传播机制，导致管理决策的不及时和不准确。

最后，一体化的冷链供应链管理平台建设缺失，上下游环节之间缺乏协同规划和整合，信息系统各自为政，信息孤岛现象严重，妨碍了信息的高效共享与协同作业。当前的冷链物流服务模式仍大量依赖传统操作手法，与市场对精细化、个性化服务的追求存在较大脱节，迫切需要构建标准化、数字化、智能化的冷链物流服务生态，以应对日益增长的市场需求和提升服务品质。

## 三、电子商务冷链物流的发展优化方向

### （一）资源整合与服务升级

在推动冷链物流的全面优化进程中，首要任务是加速基础设施的完善与资源整合。这要求加大对冷链仓储设施的投资，特别是冷藏库的扩建与改造，以及产地直供的保鲜设施，以有效降低农产品损耗，提升存储效率与保鲜能力。在运输环节，应继续推行冷藏车购置补贴政策，促进冷藏车保有量稳定增长，并优化鲜活货物运输环境，比如设立冷链运输的优先通道，简化通行手续，以降低成本，提高运输效率。同时，利用大数据与人工智能等先进技术整合冷库、冷藏车等资源，通过公共数字平台智能匹配供需，实现资源的高效配置与市场需求的无缝连接，推动冷链物流的智能化转型。

此外，应积极促进第三方冷链物流企业的成长，使之成为市场主力军。通过扶持领军企业，鼓励其整合资源，形成冷链物流集团，搭建全国服务网络，发挥规模优势。在此基础上，拓展多元化服务，如全程温控、保温包装、预冷保鲜等，以更精细化的服务满足高端市场需求。同时，加强第三方冷链物流的信息化建设，提供集成化、智能化的解决方案，提升对客户需求的响应速度与服务精度。

### （二）标准体系的完善与规范引导

在电子商务新零售背景下，完善的冷链物流标准体系是行业健康发展的基石。要严格执行现有的各项标准，如《冷库管理规范》《冷库安全规程》《节能运行技术规范》《食品冷库 HACCP 应用规范》等，确保冷链物流基础设施的标准化运行。此外，建立全面的冷链物流设备标准体系，强化运输、储存、包装、温湿度控制设备的标准化管理，推动信息管理标准的持续完善，如《条

码技术在冷链物流中的应用规范》《冷链物流信息管理要求》等，鼓励企业采用并落实标准，提高信息化水平。

在实际操作中，严格遵守冷链物流作业、技术与管理标准，执行低温仓储、温控运输、保鲜管理等强制性标准，强化标准执行力。逐步建立全面的服务标准体系，明确行业人才资质与业务范畴，规范冷链物流的日常管理，促进冷链物流行业的规范化、标准化发展，为电子商务新零售的稳健前行奠定坚实基础。

### （三）加强政府协调与完善政策环境

电子商务冷链物流的顺畅运作，离不开政府层面的宏观规划与引导。面对新零售带来的新变革和新挑战，必须建立起更为高效的跨部门、跨区域的协调工作机制。这种机制应当能够充分发挥冷链物流行业内企业、行业协会、商会以及研究机构的作用，并鼓励社会公众的积极参与，形成多方协同的良好氛围。通过强化规划的实施保障，共同推动新零售电子商务与冷链物流的深度融合与发展。

此外，建立与新发展态势相适应的监管机制也尤为重要。可以利用人工智能等技术手段来丰富监管方式，积极探索政府与冷链物流企业之间的新型合作模式，从而提高整个行业的监管水平。

在政策环境方面，需要进一步完善政策支持体系，为冷链物流业的持续发展提供优良的软硬件环境。政策应发挥关键的引导作用，通过制订并出台具体实施方案，鼓励新零售与冷链物流的融合发展，以及新技术、新模式在冷链物流领域的创新应用。同时，结合不同区域的定位、冷链特点和市场需求，统筹规划新零售趋势下的冷链物流发展蓝图。

为了建立健全支持冷链物流发展的政策体系，还需要从多个方面入手，包括加强冷链物流基础设施建设、优化冷链物流的空间布局、完善冷链物流的标准体系等。同时，通过加大财税支持力度、增加资金投入以及加强人才培养等措施，为冷链物流的快速发展提供有力的政策保障。在这一过程中，推动冷链物流工作政策的落实机制，加强督促指导，确保各项扶持政策能够真正落到实处，是至关重要的。

### （四）以需求为牵引，技术为驱动

不断满足和适应消费者日益升级的需求，不仅是电子商务新零售的核心要务，也是冷链物流发展的根本动力。为此，需要更新观念，顺应新发展阶段的要求，以服务需求为导向，推动冷链物流企业的转型升级，从而实现冷链物流的真正价值。

在新零售环境下，销售渠道已经不再是传统的单一模式，而是增加了各种创新的销售场景。在这一背景下，冷链物流这一特殊的供应链系统显得尤为重要，它将成为现代化流通模式中的关键因素。因此，冷链物流服务企业的数字化或智能化转型已经迫在眉睫。

为了进一步强化技术支撑，需要深化对现代冷链物流技术的认识，并大力营造技术升级创新的良好氛围。鼓励冷链物流企业结合自身在生产和管理方面的实际情况，积极运用云计算、大数据和人工智能等先进信息技术。通过这些技术的应用，实现对生鲜产品从产地到销地的冷链物流运作各节点资源的高效协同管理，创新经营模式，降低冷链物流成本，提高运营效率，从而提升冷链物流企业的市场核心竞争力。

同时，基于互联网、区块链等先进技术，搭建由冷链仓储、冷链运输、冷链快递、冷链贸易、冷链金融、冷链溯源等多个部分组成的冷链物流公共数字平台。通过这个平台，实现数据的可视化分析，并以此为基础整合整个供应链链条上的数据。这将有助于建立完善冷链物流产品的追溯体系，并建设一套覆盖企业生产、加工、储运、销售等冷链物流全过程的监控体系。为了实现这一目标，需要加大服务器、网络设备等硬件的投入力度。

第七章

# 电子商务物流系统的新发展——跨境电商物流

## 第一节 跨境电子商务物流的认识

跨境电子商务的物流环节是整个交易过程中至关重要的一环。它不仅涉及商品的物理转移，还包括与之相关的一系列复杂的行政程序和后勤操作。由于交易双方位于不同的国家或地区，这要求物流服务能够跨越国际边界，处理各种海关清关、商品检验等手续，并在目的地国家完成最后的配送工作。

### 一、跨境电子商务物流的定义

跨境电子商务物流（简称跨境物流）是指在进行跨国电子商务交易时所涉及的物流活动。这种物流形式包括从卖家到买家的商品运输过程，这个过程可能涉及跨越多个国家的边界，以及在各个国家的海关进行清关和商检等一系列复杂的流程。跨境物流可以分为三个主要部分：起始国的国内物流、国际物流以及目的国的国内物流与最终配送。

与国内的物流相比，跨境物流更复杂。它不仅涉及输出国和输入国的海关程序，还需要满足不同国家的法律法规和标准。此外，各国的物流水平差异，给跨境物流带来了额外的挑战。例如，不同国家的海关官员的专业水平和工作效率有所不同，这影响货物的通关速度和整体物流效率。

随着跨境电子商务的不断发展和成熟，消费者对跨境物流服务的期望也越来越高。他们不仅期望商品能够顺利到达，还希望物流能够在更短的时间内完成，成本更低，服务质量更高，并且提供更多的增值服务。跨境物流的效率和质量直接影响着消费者对跨境电子商务的整体满意度。

跨境物流的发展和提升可以显著推动跨境电子商务的增长。如果物流服务能够提供快速、高效、低成本的解决方案，那么消费者更可能选择跨境购物。相反，如果物流服务存在问题，如长时间的运输、高昂的成本、低下的服务水平或者缺乏增值服务，会成为阻碍跨境电子商务发展的障碍，甚至可能限制其进一步的成长。

因此，为了促进跨境电子商务的健康发展，物流服务提供商需要不断创新和优化其服务。这包括利用先进的技术来提高物流效率，建立更加灵活的供应链管理系统，以及提供更加个性化的服务来满足不同消费者的需求。此外，物流公司还需要与各国海关和其他政府机构建立良好的合作关系，以确保货物能够快速且顺利地通过各种检查和程序。

## 二、跨境电子商务物流与传统电子商务物流的异同

在当今全球化的时代背景下，电子商务已经深入人们的生活，而跨境电子商务更是连接了世界各地的消费者与商品。跨境电子商务物流与传统电子商务物流在某些方面有相似之处，比如两者都具有小批量、高频次、单批品类丰富、覆盖地域广泛以及对配送时效性有严格要求等特点。然而，深入探究后会发现，这两者之间存在着诸多显著的差异。

### （一）物流基础设施不同

为了实现对订单的快速响应，跨境物流需要在买家所在的国家或地区建立仓储设施。这些设施包括自贸区、保税区、保税仓和海外仓等，它们能够确保商品及时到达消费者手中，提高物流效率。而传统电子商务物流则主要依赖国内的仓储和配送网络。

### （二）物流系统构建不同

传统电子商务物流主要集中在国内市场，因此其物流系统相对单一。而跨境物流则需要同时考虑国内和国外两套系统。这是因为跨境电子商务既涉及国内商品的出口，也涉及海外商品的进口。这就要求跨境物流企业必须具备更全面的物流网络和管理能力，以应对不同国家和地区的物流需求和规定。

### （三）物流企业不同

由于跨境电子商务的商品交付涉及进出境手续，因此报关清关代理类物流企业在这一过程中扮演着至关重要的角色。同时，跨境物流服务往往需要借助另一国家的物流企业和基础设施来完成，这就使得海外代理类物流企业同样不可或缺。这些代理类物流企业不仅具备专业的报关清关能力，还能提供跨国运输、仓储管理等一站式服务，大大地降低了跨境交易的难度和风险。

### （四）物流服务环节不同

传统电子商务物流主要集中在国内范围内，流程相对简单，主要包括仓储、配送和售后服务等环节。而跨境物流则因为涉及跨国交易，其流程更为复杂。最明显的差异在于，跨境物流需要增加语言和报关服务环节。由于交易双方往往来自不同的国家或地区，语言沟通成为一个重要的问题。同时，跨境交易的商品需要进行报关，以确保商品合法入境或出境，这无疑增加了物流的复杂性和时间成本。

## 三、跨境电子商务物流的特点

### （一）需求层次多样

跨境电商的日常运营中，通常涵盖中低价消费品、高价值奢侈品、标准化必需品以及特定专项产品四大类。这些不同类型的商品，分别对应着 B2C、C2C、B2B 以及全供应链运营者不同的业务模式。然而，正是这些商品类别的多样性，导致了它们对物流服务需求的显著差异。

举例来说，中低价消费品往往以价格优势吸引消费者，因此这类商品对物流费用的敏感度较高，通常要求运费尽可能低廉。相对地，对于高端奢侈品而言，消费者更加重视的是商品能够快速、安全地送达，并享受到高品质的物流服务。

此外，跨境物流本身的复杂性也加剧了需求层次的多样性。在跨境物流的多个环节中，每个环节都存在多种选择。比如，在干线运输方式上，可以选择海运、空运，甚至铁路运输，这些不同的运输方式各有优劣，需要根据商品特性和客户需求进行权衡。同时，由于客户运输的商品种类繁多，如带电产品、化妆品、抛货等，以及运输目的国的不同，导致对物流时效和价格的要求也各不相同。

### （二）物流环境复杂

跨境电子商务物流作为连接全球贸易的桥梁，其运作环境相较于国内物流而言，呈现出高度的复杂性和挑战性。这种复杂性不仅源于参与国之间政策、经济体系、法律法规和文化习俗的多样性，还体现在技术标准与基础设施建设的不均衡上。语言及文化障碍导致信息传递效率降低，增加了沟通成本，而各国技术发展水平的参差不齐，则可能导致物流环节间的衔接不畅，影响整体效率。此外，各国对进出口商品的严格规定，如禁运物品清单、特殊商品的认证要求等，进一步加剧了物流操作的难度。例如，含有电池、磁性物质的商品，液体、保健品、食品、化妆品等，在不同国家可能需要特定的官方认证才能合法进口，这对企业来说意味着必须精准掌握各目标市场的法规要求，并确保申报信息的真实性与完整性，任何疏忽都可能导致货物被海关扣押，甚至面临罚款或没收的风险。

### （三）物流可控性较弱

跨境物流涉及众多环节和复杂因素，这使得物流过程的可控性相对较弱。从出口国海关的查验到商品检疫局的检验，从国际航班的准时性到目的国海关的进口报关流程，这些环节中的任何一个出现问题都可能导致物流进程的长时间延误和不确定性增加。

与国内物流相比，跨境物流的信息透明度也相对较低。虽然国内电商物流信息已经可以实现实时查询和高效交流，但在跨境物流中，由于商品需要在不同国家或地区间流转，加之语言差异和时差问题的存在，物流信息的跟踪和查询往往更加困难。很多时候，消费者只能了解到货物是否已到达目的地国以及预期交货时间等有限信息，而对于货物的具体运输细节则知之甚少。这种信息不对称不仅增加了运输时间的不确定性，还容易导致货物丢失等问题。

### （四）物流时效不稳定

与国内物流相比，跨境物流因涉及更广泛的地理范围和更多的跨境环节，其时效性面临着更大的波动。跨境物流链条漫长，从商品出厂到最终送达消费者手中，需经历国内运输、仓储、国际段运输（空运或海运）、目的国海关清关、海外仓储以及“最后一公里”配送等多个阶段。尽管跨境电商平台在努力缩小线上购物体验与国内电商的差距，但在实体物流层面，跨境物流的执行难度没有明显改变。物流链条的延长和流程的复杂化，加之各国通关政策、运输时长、运输方式选择、清关手续及税收处理等多重因素的叠加影响，使得跨境物流的时效难以保持稳定。特别是跨境物流服务商的能力差异、目的地国家的清关效率及其税务政策的不确定性，往往成为决定物流速度的关键变量。因此，即便是同一批次的货物，根据目的地、物流方案的选择以及外部环境的变化，其到达时间也可能存在较大差异，这无疑对企业的供应链管理能力和应急响应机制提出了更高的要求。

### （五）涉及关务和税收问题

跨境物流不可避免地涉及清关、关税和增值税等复杂的关务和税收问题。由于各国的海关政策和税收政策各不相同，因此在向不同国家出口时需要遵循相应的目的地国政策。同时，清关过程必须由收件人完成，如果当地海关拒绝货物入境或产生关税，则需要收件人承担缴税责任进行清关。然而，在关税金额较大的情况下，收件人可能会选择拒绝清关并拒收货物。

一旦货物滞留海关，发货人将面临处理难题。如果选择退货，不仅会导致高退货率的发生，还可能产生高额的退货运费；而如果不选择退货，则可能只能销毁货物，从而造成货物损失并可能需要支付额外的销毁费用。这些复杂的关务和税收问题给跨境物流带来了额外的风险和成本负担。

## 四、跨境电子商务物流的分类

跨境电子商务物流根据业务类型的不同，主要分为 B2B 跨境物流和 B2C 跨境物流两种类型。

### （一）B2B 跨境物流

B2B 跨境物流，即企业对企业的跨境物流服务，通常涉及大批量、高价值的货物运输，其供需双方相对集中。这种物流形式在特点上与传统的国际贸易物流相似度较高，已经发展出一套较为成熟和高效的操作流程。由于单票货物价值高，运输批量大，B2B 跨境物流更倾向于选择成本效益较高的运输方式，如海运，从而保持较低的物流成本。虽然随着电子商务的兴起，B2B 跨境物流的采购频次有所增加，单次采购量有所下降，且物流链条相对延长，但其基本运作模式仍与传统国际贸易类似，主要以传统的海运为主。

### （二）B2C 跨境物流

与 B2B 跨境物流相比，B2C 跨境物流（企业对消费者的跨境物流服务）具有订单数量多、批次小、品类多样等特点，这要求物流服务提供商能够满足更高层次的服务需求，因此物流成本相对较高。B2C 跨境物流不仅包括国内的揽收环节，还涉及跨国运输、进出口关务处理以及海外的仓储配送等环节，流程更为复杂。由于直接面向终端消费者，B2C 跨境物流服务的碎片化、小批量和高频次特性使得物流服务难度显著增加。此外，由于跨境电商卖家众多且分布广泛，物流企业需要具备强大的物流网络和快速响应能力，以适应这种分散且多变的业务需求。显然，传统国际贸易物流的操作模式已无法满足 B2C 跨境物流对于订单处理的灵活性、服务链条的长度、时效性、服务个性化以及对于抛货（轻泡货）的特殊要求。需要新的物流模式来适应其运营的复杂性和成本问题。因此，接下来的内容将重点讨论 B2C 跨境物流模式。

在 B2C 跨境物流中，为了应对订单的碎片化和小批量多样化的挑战，物流公司正在探索新的解决方案。例如，一些物流公司开始采用集货模式，将来自不同卖家的小批量货物集中起来，以便能够以更大的批量进行运输，从而降低运输成本。同时，为了提高清关效率和减少交货时间，许多物流公司在全球范围内建立了海外仓，以实现快速的本地配送。此外，为了提高透明度和跟踪能力，物流公司还在不断投资于信息技术，如使用追踪系统和数据分析工具，以便更好地管理库存和优化运输路线。

## 第二节　跨境电子商务物流的基本模式

在跨境电子商务的广阔市场中，商品不再受到国界的限制，它们通过跨境物流的渠道，在不同国家之间自由流通。随着跨境电子商务模式的逐步规范和日臻成熟，跨境物流的模式也日益向着规范化、合法化和多样化的方向发展。与传统的国际贸易物流有着显著区别的B2C跨境物流，根据其进出口的方向，可以更为详细地划分为B2C进口跨境物流与B2C出口跨境物流两大类别。

## 一、B2C进口跨境物流模式

我国B2C进口跨境物流有直邮进口、保税进口和转运三种模式。

### （一）直邮进口模式

直邮进口模式，是跨境电商中的一种重要运营策略。其主要流程：将商品预先存储于海外仓储设施中，一旦接到消费者的购买指令并完成支付，这些商品便通过国际物流渠道启运，经过中国海关的清关流程，最终送达消费者手中。此模式的核心优势在于能够精准对接追求纯正海外购物体验的消费者群体，提供未经中间环节、原装进口的商品，如婴儿配方食品、高端护肤品、保健品及奢侈品牌商品，这些通常具有小批量、高价值的特点，并且因直接从源头发货而有效减少了市场窜货的矛盾。

直邮进口模式操作流程简便明了，商品从消费者支付完成的那一刻起开始启动国际递送流程，全程可追踪，无论是国外发货环节还是国内配送阶段，都能确保物流信息的透明度，大大降低了货物遗失、损坏或被非法调换的风险。然而，这一模式也存在若干挑战：首先，直邮服务主要依赖国际快递巨头如FedEx、UPS、DHL和TNT，这类服务往往伴随着高昂的运输费用；其次，直邮包裹需经过严格的海关检查和商品检验检疫程序，这无疑延长了物流时间；最后，提供跨境直邮服务的海外电商平台数量有限，限制了消费者的选择空间。

在实际应用中，直邮进口模式具体体现为两种实施路径：一是商业快递直邮，即上述提及的四大国际快递公司直接负责商品的跨国运输，其物流链条清晰高效，但成本较高，其运输流程如图7-1所示；二是基于两国合作的直邮模式，这种模式下，物流途径更加多元化，既包括利用万国邮政联盟（UPU）的全球网络，确保国际邮政系统的无缝对接，参与者皆为各国邮政系统内的正式成员，如美国邮政、英国皇家邮政与中国的EMS携手合作；同时涵盖两国私营快递公司的直接合作，通过定制化的物流解决方案，旨在提高运输效率与降低成本，虽然此类合作较为灵活，但也考验着双方的协同作业能力及对国际规则的熟悉程度。这些多样化的直邮路径，共同支撑起跨境电商的全球供应链体系，满足不同消费群体对跨境购物便捷性与可靠性的期待。两国合作直邮流程，如图 7-2 所示。

商业快递直邮和两国合作直邮两种直邮的优劣势比较分析，见表 7-1。

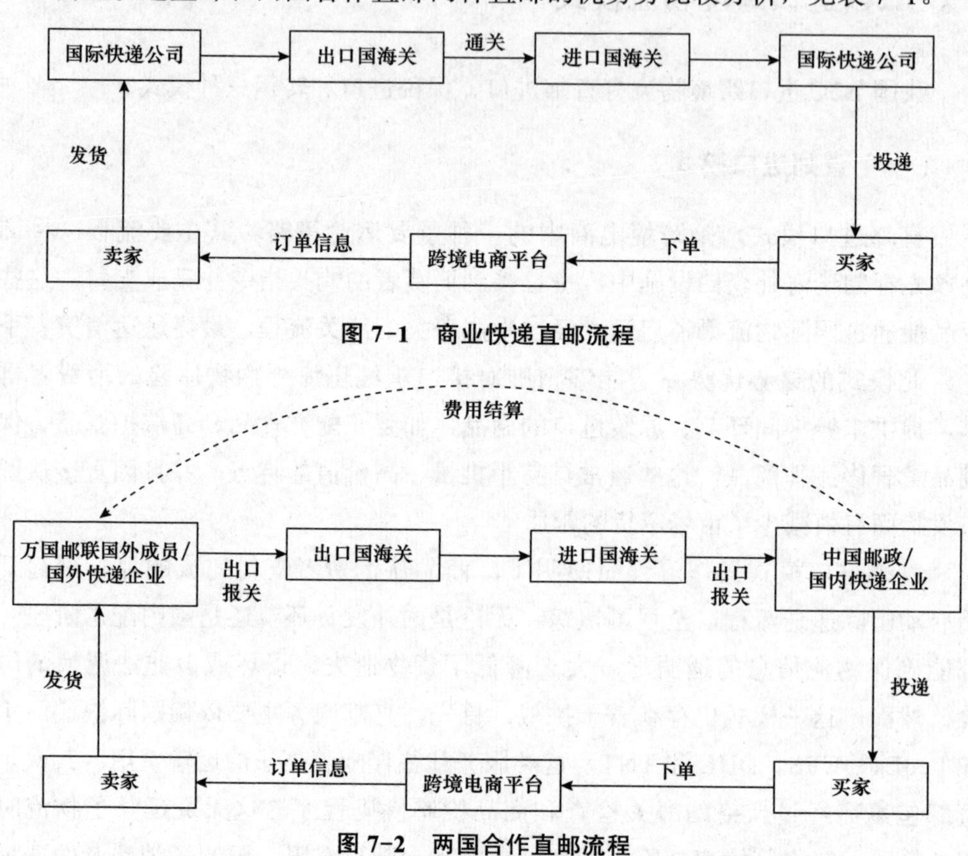


图 7-1　商业快递直邮流程



图 7-2　两国合作直邮流程

表 7-1　商业快递直邮和两国合作直邮的优劣势比较分析

| 直邮形式 | 承运人 | 优势 | 劣势 |
| --- | --- | --- | --- |
| 商业快递直邮 | FedEx、UPS、DHL 和 TNT 等商业快递公司 | ·安全性较高。全球网络下的时效性和配送环节的安全性是四大快递公司的核心竞争力。从国外到国内全程由四大商业快递公司自行配送，能够保证服务质量<br>·清关速度快。报关时，四大快递公司往往自行报关，并与海关实现数据对接。在海关的三个报关系统中，四大快递公司属于清关速度最快的快件系统 | 主营业务是商业快递，在包裹的跨境运输上没有明显的价格优势 |

续表

| 直邮形式 | 承运人 | 优势 | 劣势 |
|---|---|---|---|
| 两国合作直邮 | 万国邮联渠道成员或国外快递企业与国内快递企业 | •万国邮联走邮政清关途径，批量报关，缩短了清关时间；包裹的抽检率也要低于其他方式<br>•两国快递公司合作类似于 UPU 框架，但区别在于两国的快递企业不受万国邮联公约的约束，重视价格和时效性，往往是邮政或信誉良好的快递企业 | 物流时效性不高 |

## （二）保税进口模式

保税进口模式是一种在跨境电商领域广泛采用的物流和贸易方式。这种模式允许电商企业将尚未销售的货物批量运输到国内的保税物流中心，然后在线上进行零售。当消费者在电商平台上完成下单并付款后，平台会向海关系统申报，待海关审核放行后，保税仓再根据实际订单将商品打包，通过国内快递服务送达消费者手中。其流程如图 7-3 所示。

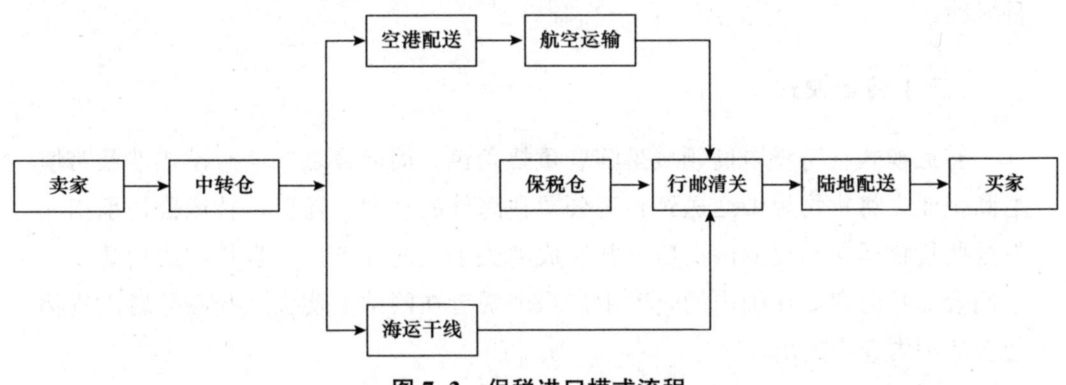


图 7-3 保税进口模式流程

保税进口模式的一个显著优点是其物流效率。由于货物已经存放在国内的保税仓中，因此从消费者下单到收货的时间可以大大缩短，通常在 3 天内就能完成配送。这与国内电商的快递时效相当，对于消费者来说具有很大的吸引力。在税收方面，保税模式下的货物通常只需缴纳行邮税，而不是传统的进口关税和增值税。此外，如果税额在 50 元以下，还可以享受免税优惠。

自 2013 年起，中国在上海、杭州、宁波等大城市开展了跨境电商试点项目，其中保税进口模式被认为是最具发展潜力的商业模式之一。这种模式不仅是大宗货品进口的主要渠道，也是跨境电商进口量最大的渠道。它具有周期短、响应速度快的特点，如果与自由贸易区的政策相结合，其发展潜力更是巨大。

与传统的物流模式相比，保税进口模式的优势在于它能够并行处理跨境运输补货和国内货物发送，这大大减少了客户的等待时间。同时，由于整个过程都在海关的严格监管之下，各个流程的信息都非常公开透明，这有助于保证跨境商品的质量，并保护消费者的利益。

在报关方面，电商企业采用了“清单核放、汇总申报”的模式。这意味着企业可以先按照清单进行通关，然后海关的通关系统会定期汇总这些清单，形成报关单进行申报。这种方式避免了传统通关中每批货物都需要完整流程的烦琐操作。

然而，保税进口模式也存在一些缺点。首先，它适用的商品品类有限。其次，由于需要提前大批量备货，库存风险较高。如果预测出现偏差，就可能导致库存贬值。因此，电商企业需要精确的市场预测和库存管理能力，以降低这种风险。

### （三）转运模式

转运模式在跨境电商领域扮演着重要角色。简而言之，这一模式涉及跨境电商企业先将货物集中运送到转运公司在海外的仓库。随后，转运公司承担起将这些货物运送到目的国港口，并完成清关手续的任务。一旦货物成功清关，它们会被暂时存储在国内的仓库中。当消费者在网站上购买这些商品后，货物便会从国内仓库发出。

目前，转运已成为海淘物流的主流方式，尤其是在消费者希望从海外购买商品时。然而，这种模式也存在一些挑战。消费者通常需要在网上搜索并选择合适的转运公司，这一过程可能相对复杂。更重要的是，某些转运公司可能采用灰色通关手段，这导致消费者的税负存在不确定性。对于追求便捷且希望合法购物的消费者来说，转运模式可能显得过于烦琐，并伴有一定的法律风险。转运模式大致可以分为三种形式：转运公司参与寄递、报关企业参与寄递以及灰色转运。

#### 1. 转运公司参与寄递

转运公司参与寄递的情况主要有两种原因。其一，有些境外商家并不提供直邮到中国的服务，这时转运公司就能起到桥梁的作用。其二，即便境外商家提供直邮，但高昂的邮费往往让消费者望而却步，转运公司则能通过集中运输来降低单个商品的运输成本。在这种模式下，转运公司作为中介，会在境外为消费者签收货物，然后再将货物发回国内。转运公司参与寄递的流程，如图7-4所示。这一流程需要转运公司先在国外选择合适的地点租用仓库，建立网站和IT系统来管理注册用户的货物，并与中转货运公司签约以确保货物能顺利发回国内。转运公司的主要收入来源是通过揽收和再寄递货物赚取的中间差价，以及提供货物增值管理服务。通常，转运公司会根据货物的重量来收费，并通过不同的线路如天津口岸、重庆口岸、上海口岸、广州口岸，甚至港澳线路将货物运回国内。

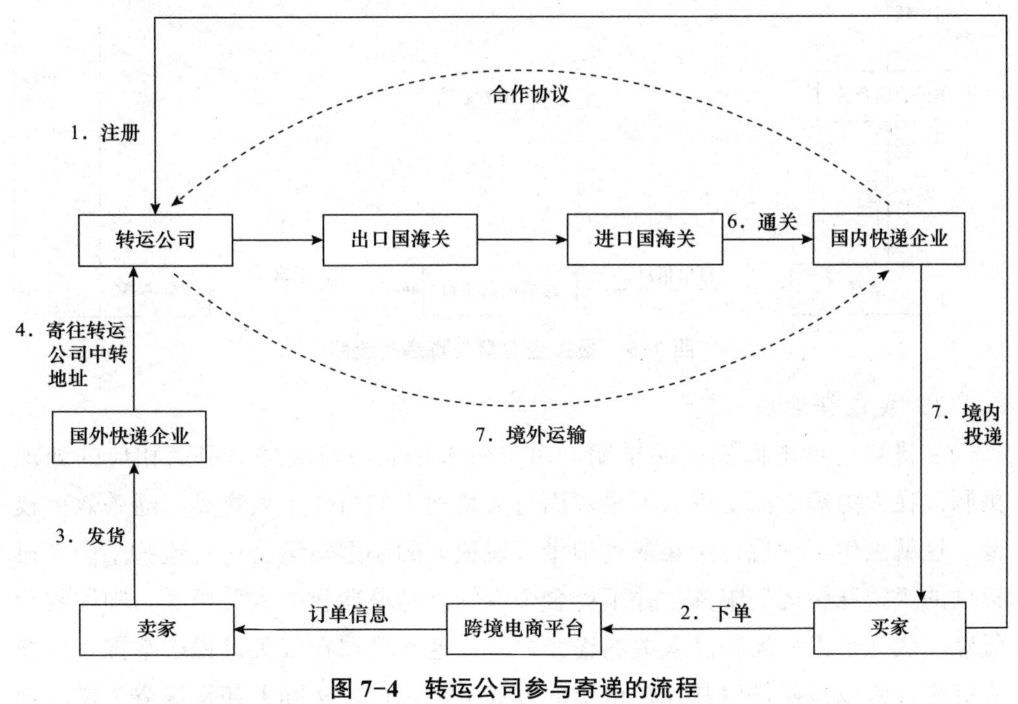


图7-4　转运公司参与寄递的流程

## 2．报关企业参与寄递

虽然报关并不是寄递企业的核心业务，但它是整个服务链条中最复杂的环节之一。报关的效率和准确性直接影响寄递服务的时效性、可达性以及费用。在报关企业参与寄递的模式下，它们本质上是与两国的快递合作，或者是转运公司参与寄递的延伸。这两种模式下的报关环节，通常是由专业的报关企业来承担的。需要注意的是，报关企业在寄递服务方面并没有独特的地方，它们的核心价值在于其专业性和对报关流程的深入了解。这种专业性能够确保货物快速、准确地完成清关手续，从而保障整个物流链的顺畅运作。报关企业参与寄递的流程如图 7-5 所示。

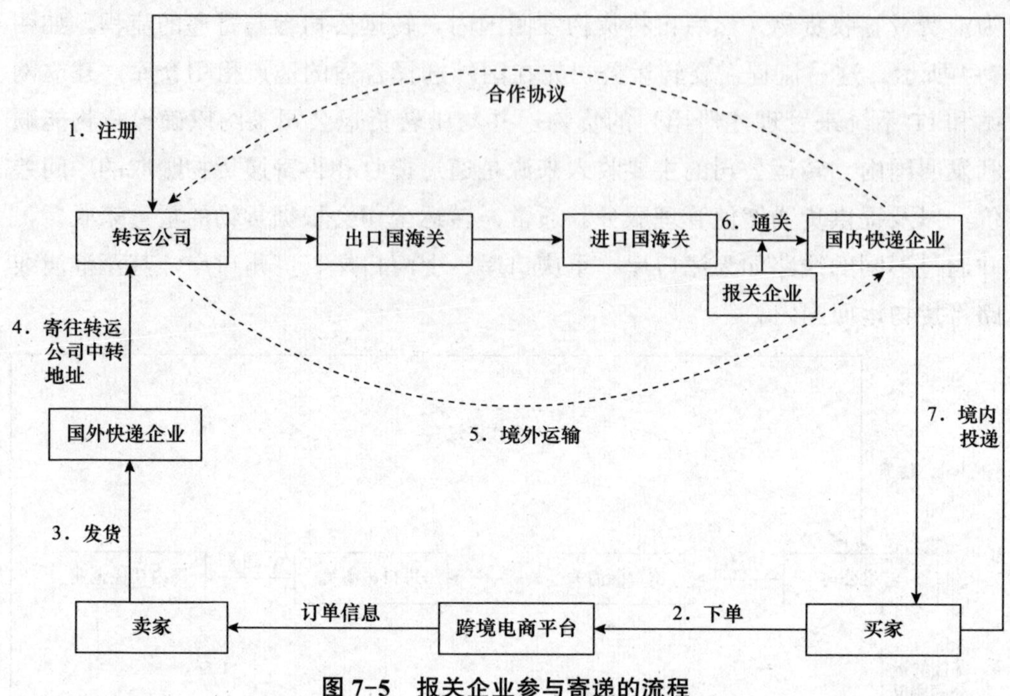


图 7-5　报关企业参与寄递的流程

### 3．灰色转运

在进口跨境电商发展的早期，由于尚未建立与跨境进口电商相应的处理机制，在人力等方面也投入不足，面对大量涌入的海外个人物品，通关效率较低，这就滋生了一批行走在灰色地带（避税）的小型转运公司。这些小型公司提供的“特殊转运”服务，并不符合个人物品跨境购物的入关模式，却因收费低廉，成为个人海淘物品入关的途径之一。这些公司在报关过程中掌握一些核心资源，常以包税进口和补贴税金的方式吸引客户，实际上却是规避关税。这些小型转运公司通过避税降低跨境物流成本，但安全性与时效性没有保障，这与国家一直鼓励阳光化清关的政策相悖。随着跨境电商的发展，我国海关已不断采取措施提高通关效率，灰色转运将无生存空间。

三种进口跨境物流模式下的物流时效、快递费用、通关速度等都有较大的区别，详情如表 7-2 所示。跨境电商企业在面对市场多元化需求时，应审时度势，灵活选取最契合自身运营状况与消费者偏好的物流模式。长远观察，伴随跨境电商行业的持续扩张与成熟，传统转运模式因效率与成本的局限性，预计将逐步淡出主流舞台。与此同时，直邮进口模式与保税进口模式凭借其独特优势，将在未来一段时间内形成并存共荣的局面，各自服务于不同细分市场与消费群体。

表 7-2　三种进口跨境物流模式比较分析

| B2C 进口物流模式 | 直邮进口 | 保税进口 | 转运 |
| --- | --- | --- | --- |
| 运作模式 | 国际快递全程配送、清关 | 货物先集中到保税仓，待商品售出后再清关、国内配送 | 货物由转运公司运送及清关，再转由国内物流商配送 |
| 查询方法 | 根据单号去国际快递公司官网或第三方物流平台查询 | 对接保税仓、跨境电商通关服务平台查询相关信息，对接第三方物流平台查询国内物流信息 | 在转运公司网站查询或在第三方物流平台查询 |
| 物流时效 | 较慢 | 快 | 较快 |
| 快递费用 | 高 | 低 | 较低 |
| 通关速度 | 较慢 | 较快 | 较慢 |

## 二、B2C 出口跨境物流模式

目前，常用的跨境物流运作模式主要有邮政小包、国际快递、国际专线物流及海外仓四种。

### （一）邮政小包

在 B2C 出口跨境电商的起步阶段，邮政小包与国际快递成了主流的物流方式，承载着大量的跨境商品运输任务。但随着市场的迅速演变和消费者需求的日益多样化，国际专线物流、海外仓等更为高效和专业的物流模式也应运而生，逐渐在市场中占据一席之地。然而，尽管新型物流方式层出不穷，邮政小包依然因其独特的优势在跨境物流中占据重要地位。

邮政小包，顾名思义，是通过万国邮政联盟这一庞大的国际邮政网络体系进行货物的进出口传递。它多采用个人邮包的形式发货，以邮政系统为基石，实现商品的跨境流通。这种物流方式的特点在于其灵活性和广泛性。为便于处理和运输，邮政小包通常重量在 2 千克以内，尺寸也有所限制。

邮政小包通过邮政的空邮服务寄送到海外，主要有普通小包和挂号小包两种类型。普通小包以较低的费用提供基本的运输服务，但不包含信息追踪功能；而挂号小包则稍贵一些，提供了网上信息跟踪查询的便利，增加了物流的透明度和可靠性。

邮政小包的魅力在于其全球通达性。通过中国邮政小包、及其他多个国家的邮政小包服务，商品可以轻松地抵达全球 224 个国家和地区。这种广泛的覆盖范围使得邮政小包成为跨境电子商务 B2C 出口业务中最常用的物流方式，尤其受到海淘和海外代购的青睐。据统计，目前我国跨境电商中，有超过半数的商品选择通过邮政小包进行运输。邮政小包模式流程如图 7–6 所示。

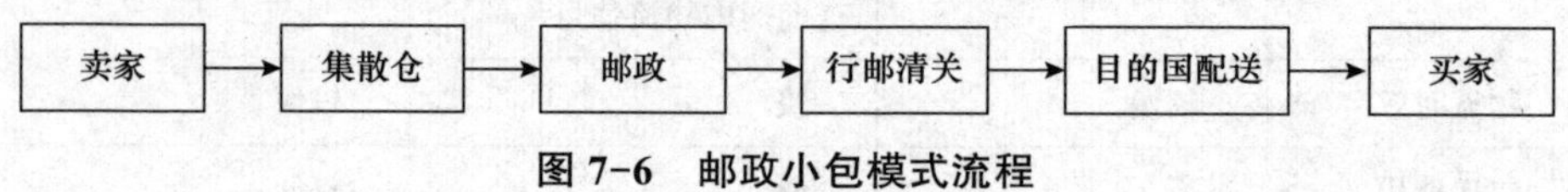


**图 7–6　邮政小包模式流程**

邮政小包之所以如此受欢迎，还得益于其操作简便、价格实惠的特点。作为国有企业的邮政系统享有国家的税收补贴，因此能够提供相对较低的价格，这对于成本控制至关重要的电商来说是一个不小的吸引力。

邮政小包也存在一些局限性。由于其通常以个人行邮物品的形式进出境，海关统计较为困难，投递速度相对较慢，且存在一定的丢包风险。此外，对于货物的体积、重量和形状等方面也有较为严格的限制，特殊商品如含电池产品、粉末或液体等则无法通过邮政小包正常通关。

随着全球贸易环境的不断变化和物流技术的持续进步，邮政小包也需不断创新和改进，以适应日益增长的跨境电商需求。

### （二）国际快递

在跨境电子商务的物流解决方案中，国际快递作为一种高效且服务优质的物流模式占据着重要位置。它通过诸如 UPS、FedEx、DHL、TNT、ARAMEX 等全球知名的快递公司，以及中国本土快递企业如 EMS、顺丰速运、申通、韵达等拓展的国际线路，实现货物跨越国界的安全递送。其流程如图 7–7 所示。这些快递服务商依托其全球网络布局、先进的信息技术系统以及全球范围内密集的本地服务网点，为跨境交易的终端用户提供快速、可靠的物流体验，满足了不同地区、不同商品类型及不同体积重量货物的运输需求。

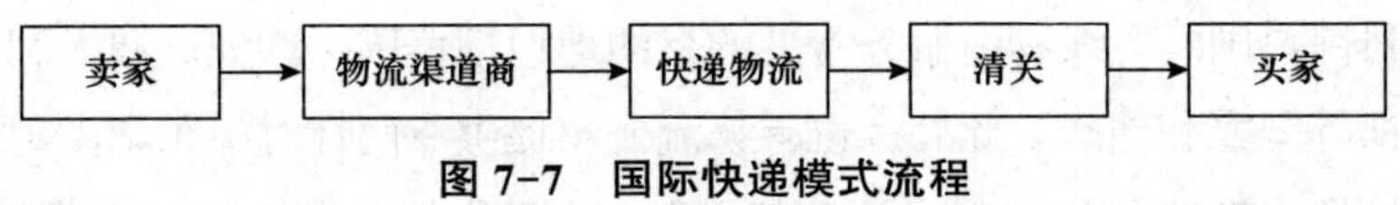


图 7-7　国际快递模式流程

国际快递的计费依据采取实际重量与体积重量两者取大原则，对货物包装有严格的标准，确保了运输过程中的安全性与效率。其服务范围广泛，不仅包括快速的门到门递送、实时货物追踪，还能提供报关、报检、保险等增值服务，以及货物的包装与仓储解决方案，极大地提升了跨境物流的便捷性和专业性。尤其是对于欧美等发达国家的配送，国际快递展现出显著的速度优势，如 UPS 可实现中国至美国包裹 48 小时内的快速送达，TNT 则通常在 3 个工作日内完成发往欧洲的递送，这在很大程度上满足了对时效性有严格要求的客户需求。

国际快递的高效率与优质服务背后，是相对较高的成本。其物流价格不仅普遍高于其他物流模式，而且受汇率、燃油附加费等因素影响，价格波动频繁，尤其是针对偏远地区，额外费用更高。此外，国际快递在货物运输方面亦存在一定的限制，某些商品可能因安全、卫生或环保原因被一些国家列为禁运或限制运输品，如美国禁止通过国际快递运输生鲜肉类、植物种子等。因此，国际快递通常被视为一种针对高价值商品或紧急需求的物流选项，卖家在选择时，要综合评估时效需求与愿意承担的运费成本，确保在提供优质物流服务的同时控制好成本。

## （三）国际专线物流

国际专线物流是一种常见的跨境物流方式，主要通过航空包舱、铁路专线和港口专线等途径将商品批量运输至目标国家或地区。在商品抵达目的地后，通常由当地的合作物流公司负责最后一公里的配送。其流程如图 7-8 所示。这种物流方式由于能够集中大批量货物发往特定目的地，因此能通过规模经济降低运输成本，使得其价格通常低于国际快递服务费用。

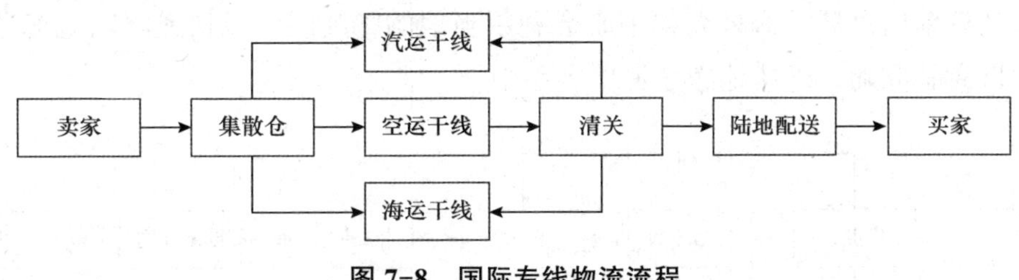


图 7-8　国际专线物流流程

在运输效率方面，国际专线物流虽然比国际快递稍慢，但速度通常快于普通邮政服务。目前，国际专线物流服务常见的目的地包括美国、欧洲、澳大利亚、加拿大、俄罗斯等国家和地区。此外，也有物流公司提供专门针对中东和南美地区的专线服务。例如，EMS 推出的“国际 E 邮宝”、中环运的“俄邮宝”和“澳邮宝”，以及俄速通的“俄罗斯 Ruston 中俄专线”等都是国际专线物流下的特色产品。

国际专线物流的优点包括操作上的灵活性、较强的通关能力、较快的时效性、较低的包裹丢失率以及稳定的服务质量。此外，与商业快递相比，国际专线的价格更为亲民，且大多数地区无须支付偏远地区附加费。客户还可以享受到全程物流跟踪和信息查询服务，这为跨境电商提供了一定程度的物流保障。

国际专线物流也存在一些不足之处。比如，其运费成本相对邮政小包来说较高，且揽收范围限制较大，覆盖的地区也需要进一步扩展。鉴于这些特点，国际专线物流更适合用于运送高价值商品或对时效性有较高要求的商品，且限于专线服务已覆盖的区域内。

## （四）海外仓

海外仓，也被称为海外仓储，是近年来伴随跨境电子商务的飞速发展而新兴起的一种物流模式。它的基本理念是，跨境电子商务企业在销售方所在国以外，特别是在购买方所在国，通过租赁或建设仓库的方式，预先将所销售的商品通过国际货运送至该仓库。随后，通过跨境电商平台进行商品的展示与销售。当接收到消费者的订单后，商品将直接从该仓库出货，进而进行后续的物流与配送活动。其流程如图 7–9 所示。这种模式的流程图清晰地展示了整个操作流程，包括头程运输、仓储管理以及本地配送三个核心环节。头程运输是指跨境电商卖家利用海运、空运、陆运或者多种运输方式联运，将商品安全、高效地运送到海外的仓库。仓储管理环节则涉及通过先进的物流信息系统，使卖家能够远程操控海外仓库中的货物，并实现库存的实时监控与管理。最后，在接收到订单信息后，海外仓储中心会利用当地的邮政服务或快递等陆地配送方式，将商品准确、迅速地送达消费者手中。

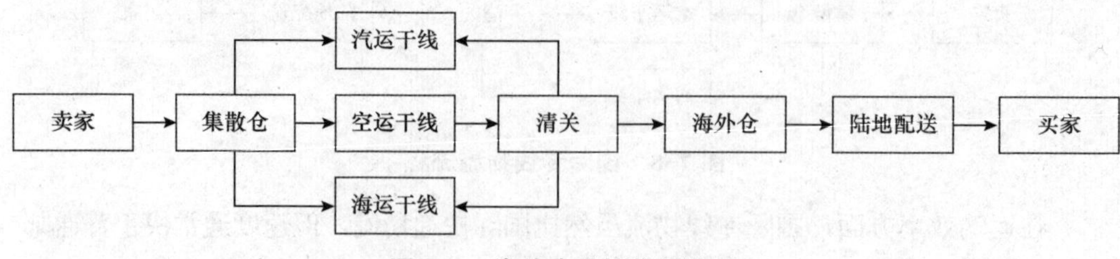


**图 7–9　海外仓跨境物流流程**

海外仓的出现，是跨境电子商务发展与需求创新推动的结果。它有效地解决了跨境物流中的诸多难题，成为跨境物流发展中的一个重要突破。海外仓模式自诞生以来，就受到了业界的广泛关注。众多从事跨境电子商务的企业纷纷建立海外仓，以期解决在跨境物流方面遇到的挑战。

海外仓为卖家提供了一站式的控制与管理服务，包括在销售目的地进行货物的仓储、分拣、包装以及派送等。这种服务模式带来了诸多其他跨境物流模式所不具备的优势。例如，它能够实现商品的大批量集中运输，从而缩短发货周期，提高发货速度。这不仅有助于降低跨境物流的成本，还能大幅提高物流效率。同时，海外仓还能有效地解决通关与商检的问题，为卖家提供更为顺畅的物流通道。

除此之外，海外仓还提供了灵活且可靠的退换货方案。通过本地化的服务，它能够极大地提高跨境网购消费者的购买信心。同时，海外仓还能帮助卖家降低因不同国家间的汇率、税费、文化、习俗以及语言等差异所带来的风险。值得一提的是，海外仓还助力卖家拓展了销售品类，特别是那些“大而重”的商品，从而突破了过往的发展瓶颈。

海外仓模式并非完美无缺。它的适用范围和覆盖范围相对有限，并且对卖家在供应链管理、库存控制以及动销管理等方面提出了更高的要求。因此，并非所有产品都适合使用海外仓。一般而言，对于那些库存周转迅速的热销单品，或是体积庞大或超重的物品，海外仓无疑是一个理想的选择。

展望未来，随着跨境电子商务平台（如阿里巴巴、京东等）的持续壮大，这些大平台的自建物流模式也将逐步成为跨境物流领域的重要一环。与此同时，边境仓、自贸区物流等新兴的跨境物流模式也将不断涌现，为跨境买卖双方提供更为丰富和多样的选择。在这样的背景下，海外仓作为一种创新且高效的物流解决方案，无疑将在跨境电子商务的发展中继续发挥其不可或缺的作用。

## 第三节　跨境电子商务物流的发展

### 一、探索与深化跨境电商物流模式革新

物流联盟作为创新合作模式，为跨境电商物流领域开启了新的战略路径。

这一模式由多家物流及相关企业通过合作协议结成伙伴，旨在通过协同作业实现超越单打独斗的效率与效益双赢。物流联盟不仅局限于横向企业间的合作，还深入供应链上下游，形成纵向一体化的紧密联系，实现资源与优势的最大化整合。

物流联盟的构建，有效降低了跨境电商企业的市场交易成本，通过集合联盟内外部的资源与市场优势，最大化整体效益。同时，它提高了企业对国际市场动态变化的适应力，降低了运营风险，增强了市场竞争力。尤为关键的是，物流联盟针对跨境电商物流领域面临的多环节、长周期、清关繁复、成本高昂等问题，提供了有效的解决方案，重新塑造了行业结构，提升了服务层次，为消费者带来了更高效、更便捷的跨境购物体验。

因此，未来跨境电商物流发展的重点之一在于创新物流模式，尤其是通过物流联盟的构建，开启合作新篇章。这种模式不仅将推动跨境电商物流行业向更健康、更高效的方向演进，还将为企业开拓更广阔的发展空间和商业机遇。通过深度合作与资源共享，物流联盟将成为推动跨境电商物流行业突破瓶颈、实现跨越发展的重要动力。

## 二、优化与创新跨境电商物流服务项目策略

跨境电商物流，对比国内电商物流领域，其服务链条的复杂度与操作难度均有显著提升，加之对专业性的更高要求，促使市场对增值物流服务的需求日益迫切。在实践操作层面，跨境电商企业倾向于寻找能够提供全面服务方案的物流合作伙伴，以“一站式”解决他们在跨国物流中遇到的各种专业挑战，从货物打包、国际运输、清关代理到最后一公里配送等，无一不是他们期待外包给专业物流服务商的关键环节。

然而，鉴于自身规模与资金的局限，多数跨境电商物流供应商难以全面覆盖所有客户期待的服务项目。加之各国和地区间存在的经济、技术水平差异，使得跨境物流任务的顺利完成更加依赖于全球范围内物流系统的紧密协作与无缝对接。在此背景下，发展多元化、针对性的增值服务成了跨境电商物流企业的必然选择，也是其面临的一大挑战与机遇并存的领域。

深入了解客户需求的多样性和深层次需求，是优化物流服务项目设计的前提。这不仅仅要求服务能够覆盖基础物流需求，更要针对跨境物流中的痛点问

题，如成本控制、运输时间过长、退货换货流程复杂等，进行深度剖析与系统性规划。例如，通过引入智能化物流管理系统来优化路线规划、利用大数据分析预测需求以减少库存成本、建立高效的逆向物流体系以简化退换货流程等，都是服务项目设计中应当着重考虑的方向。

精心策划与持续升级跨境电商物流服务项目，旨在为客户提供更加个性化、高效、专业的物流解决方案，以此赢得客户的信赖与忠诚，推动跨境电商物流行业的稳健前行。通过不断的技术创新与服务优化，跨境电商物流不仅能够有效应对全球化带来的挑战，还能抓住机遇，促进全球贸易的便利化与经济的繁荣发展。

## 三、打造卓越的跨境电商物流生态系统

跨境电商物流体系在清关与退换货方面面临的挑战，根源在于海关监管的复杂性、政策的多样性及其执行流程的烦琐。为了克服这些难题，相关部门亟须推进政策创新，旨在平衡国家利益保护与海关秩序维护的同时，简化跨境贸易的通关流程，从而加速跨境电商物流的流通效率与服务品质。跨境电商政策的制定应兼顾贸易便利性、市场公平竞争及产业升级等多个维度，确保政策的多目标协同效应，营造一个健康、公正的竞争环境。这样的环境激励企业通过创新驱动、服务优化和体系完善来增强竞争力，自发形成迭代升级的发展机制，推动整个跨境电商物流行业的繁荣进步。

同时，鼓励跨境电商物流领域的企业通过竞争机制、优胜劣汰、并购重组等市场化手段，促进规模经济和专业化的深化发展。这一过程将自然筛选掉那些不符合规范、缺乏诚信的企业，减少行业内的资源浪费，通过市场机制的优化配置，大幅提升跨境电商物流领域的整体效能。在此基础上，强化行业监管、健全法律法规体系，是维护市场公平、保障各参与方权益的必要措施，为跨境电商物流的长期稳定发展奠定坚实基础。

## 四、强化跨境电商物流的信息化建设

在跨境电商物流领域，“过程黑箱”一直是一个亟待解决的问题。由于跨境电商物流涉及全球范围，各国或地区在经济、电子商务、物流技术和管理等方

面存在显著差异，导致物流追踪难度加大，信息透明度不足。为了解决这一问题，需要因地制宜地采取多种渠道、途径和方法来提高物流信息的可视化程度。

特别是在面对非主流语言国家或经济欠发达地区时，需要更加积极地寻求物流信息追踪的突破点和创新路径。如果单纯依靠技术手段无法解决所有问题，可以考虑将技术创新与管理创新相结合，共同探索物流信息追踪的新方法。这样不仅可以消除物流信息的盲点，提高跨境电商物流的服务质量，还能有效降低货损、丢包、调包以及交货期延长等问题的发生概率和风险。

此外，跨境电商物流企业也应积极提高自身的物流网络信息化水平。通过引入先进的物流管理系统和技术手段，实现物流过程的实时监控和数据分析，从而使物流过程更加透明化、高效化。这不仅有助于提升客户满意度和忠诚度，还能为企业带来更大的竞争优势和市场份额。同时，能有效减轻退换货的压力，降低运营成本，进而提升跨境电商物流服务的整体品质。

## 五、构建具备全球视野的跨境电商物流网络

跨境电商的经营模式超越了国界与地域的限制，预示着其未来的覆盖范围将遍布全球，服务的对象也将囊括各个经济体。因此，从长远规划的角度来看，应致力于构建一个具备全球化视野的跨境电商物流网络。

然而，构建这样一个物流网络并非易事，面临地域范围广泛、跨度巨大、操作难度高以及潜在风险多等诸多挑战。同时，企业若选择自建物流体系，需要承担巨大的投资压力。根据资源基础理论，自建物流体系可能导致社会资源配置的不合理与低效，造成资源浪费。

可以通过整合企业内外、行业内外以及国内外的物流资源或子体系，来构建一个具备全球视野的跨境电商物流网络。这样的整合方式不仅可以解决“散、小、乱、差”的问题，提升跨境电商物流的整体效率与水平，更有助于推动跨境电商物流产业的升级与发展。通过构建这样一个物流网络，可以为全球范围内的客户提供更加高效、便捷、优质的跨境电商物流服务。

## 六、跨境电商物流在“一带一路”倡议下的蓬勃发展

“一带一路”倡议旨在通过加强基础设施、能源开发、投资贸易等多个领

域的深度融合，以满足“一带一路”合作伙伴在经济体制构建和基础设施建设方面的产业结构调整需求。这一宏伟蓝图不仅涵盖了众多国家和产业类型，更在能源、经贸、金融、交通、电力等多个行业领域推动了协同建设。同时，此倡议也促进了各国在相同产业之间的经验交流与互相扶持，为打造经济共同体注入了新的活力。

随着我国与“一带一路”合作伙伴及地区的经贸合作日益加深，双边贸易额持续增长，出口规模也在逐年扩大。这一共赢的发展倡议不仅提升了我国对外贸易的频次，更为与外贸紧密相连的行业，如电子商务和跨境电商物流，带来了空前的发展机遇。因此，在“一带一路”的大背景下，构建和完善跨境电商物流体系显得尤为重要，它不仅对我国对外经贸倡议的实施具有重要的协同作用，更对整个物流行业的健康发展有着深远的影响。

在“一带一路”的大背景下，我国跨境电商物流体系建设作为电子商务行业发展的新课题，仍面临诸多挑战和困难。但正是这些挑战，激发了我们不断探索和进步的动力。为了满足日益增长的电商需求，推动相关行业的持续健康发展，必须持续深入研究和探讨跨境电商物流的新模式、新方法，不断优化和完善跨境物流体系，大力提高信息化水平，并加大跨境物流人才的培养和引进力度。

# 参考文献

[1] 蔡昭君．现代物流管理基础［M］．北京：中国人民大学出版社，2017.

[2] 陈德惠．电子商务物流［M］．北京：电子工业出版社，2022.

[3] 龚英．电子商务物流［M］．北京：科学出版社，2019.

[4] 姜方桃，邱小平．物流信息系统［M］．西安：西安电子科技大学出版社，2019.

[5] 黎继子．电子商务物流［M］．北京：中国纺织出版社，2016.

[6] 马宁．电子商务物流管理：微课版［M］．3 版．北京：人民邮电出版社，2020.

[7] 汝宜红，宋伯慧．配送管理［M］．3 版．北京：机械工业出版社，2016.

[8] 谢明，陈瑶，李平．电子商务物流［M］．北京：北京理工大学出版社，2020.

[9] 杨梦祎.生鲜农产品冷链物流发展问题分析及其对策探讨[J].现代营销（学苑版），2019（1）：98.

[10] 张军玲．电子商务物流管理［M］．北京：电子工业出版社，2017.

[11] 朱长征．电子商务物流［M］．北京：北京理工大学出版社，2016.

[12] 朱琴．生鲜农产品冷链物流发展问题及其对策分析［J］．对外经贸，2019（3）：39-40.

[13] 刘钊．浅析电子商务环境下物流模式选择［J］．西北工业大学学报（社会科学版），2017（4）：34-38.

[14] 韩良晨．电商物流发展趋势展望［J］．中国国情国力，2020（3）：9-11.